高校财务风险控制与财务管理体制创新研究

蒋　莹　柳彩莲 ◎著

中国出版集团　现代出版社

图书在版编目（CIP）数据

高校财务风险控制与财务管理体制创新研究 / 蒋莹，柳彩莲著. -- 北京：现代出版社，2022.4
ISBN 978-7-5143-9823-6

Ⅰ．①高… Ⅱ．①蒋… ②柳… Ⅲ．①高等学校－财务管理－风险管理－研究－中国②高等学校－财政管理－体制创新－研究－中国 Ⅳ．①G647.5

中国版本图书馆CIP数据核字(2022)第048598号

高校财务风险控制与财务管理体制创新研究

作　　者	蒋　莹　柳彩莲	
责任编辑	刘全银	
出版发行	现代出版社	
地　　址	北京市朝阳区安外安华里504号	
邮　　编	100011	
电　　话	010-64267325　64245264(传真)	
网　　址	www.1980xd.com	
电子邮箱	xiandai@vip.sina.com	
印　　刷	北京四海锦诚印刷技术有限公司	
版　　次	2023年5月第1版 2023年5月第1次印刷	
开　　本	185 mm×260 mm　1/16	
印　　张	10	
字　　数	223 千字	
书　　号	ISBN 978-7-5143-9823-6	
定　　价	58.00 元	

前　　言

新形势下，随着我国加快发展高等教育战略决策的全面实施，高校招生规模的不断扩大，在校生人数连续几年大幅度攀升。高等教育的快速发展，给高校带来机遇的同时也带来了挑战。高校按照过去的模式运转，单靠政府拨款显然无法满足需要，高校投入资金多元化的格局已经形成。高校经费使用通常被纳入国家预算管理范围之内，随着我国市场经济的建立和加快发展，以财政拨款为主的高校财务管理体制正发生着重大改变。

高等教育要从数量扩张向质量提升转变，走内涵式发展道路，要建立和完善中国特色的现代大学制度，完善治理结构，加大教育投入，完善投入机制，同时要求加强经费管理，坚持依法理财，严格执行国家财政资金管理法律制度和财经纪律；建立科学化、精细化预算管理机制，科学编制预算，提高预算执行效率；加强学校财务会计制度建设，完善经费使用内部稽核和内部控制制度；完善教育经费监管机构职能，在高校试行设立总会计师职务，提升经费使用和资产管理专业化水平；加强经费使用监督，强化重大项目建设和经费使用全过程审计，确保经费使用规范、安全、有效；建立并不断完善教育经费基础信息库，提升经费管理信息化水平；防范学校财务风险；建立经费使用绩效评价制度，加强重大项目经费使用考评；加强学校国有资产管理，建立健全学校国有资产配置、使用、处置管理制度，防止国有资产流失，提高使用效益；完善学校收费管理办法，规范学校的收费行为和收费资金使用管理；坚持勤俭办学，严禁铺张浪费，建设节约型学校。这使得学校财务管理的目标更加明确，财务管理的任务更加繁重，必须进一步拓宽高校理财思路，转变传统的理财观念，改进理财方法。另外，从国外高校财务管理的实践情况来看，高校作为公共部门，在公共教育资源相对不足的情况下，越来越注重大学的公共治理和财务治理，通过科学规范的制度安排，合理配置财权，建立行之有效的财务激励与约束机制，确保办学资源的充分利用、办学效益的不断提高，确保大学的目标和理念得以实现。同时，积极借鉴工商管理技术方法，引入现代财务管理理论，创新财务管理方法，实施绩效财务管理，改善和提高教育资源使用绩效。

本书对高校财务管理问题进行了较为深入且全面的研究，编写力求完整，深入浅出。本书参阅引用了大量参考文献，在此对众文献作者致以诚挚的谢意。由于作者水平有限，加之撰写时间仓促，书中不妥之处在所难免，敬请读者批评指正。

目　录

第一章　高校财务风险控制与管理概述

第一节　高校财务风险及其评价体系

一、高校财务风险的定义

财务风险是企业财务管理中的基本概念，而对高校财务风险的定义，目前国内主要有狭义和广义两个视角。

狭义的财务风险通常被称为举债筹资风险，是指高校由于举债而给高校财务状况带来的不确定性。在高校财务风险问题受到广泛关注后，很长时间里，许多学者和高校管理人员都将高校财务风险等同于负债风险，认为高校财务风险与高校负债数额和高校偿债能力密切相关。狭义的高校财务风险定义产生在特定的历史背景下，也切实反映了扩招、评估压力下国内众多普通高校的财务风险来源，但是该定义的局限性也是不言自明的。负债风险是当前高校的显著风险，却不能代表高校财务风险的全部，高校在运营过程中的其他问题同样会导致财务风险。如果仅仅将高校财务风险简单地理解为负债风险，那势必不利于对高校财务风险的全面控制和管理。

广义的财务风险是指高校在运营过程中，由于委托代理关系、财务治理等内外部环境因素作用所形成的财务状况的不确定性，从而使高校蒙受损失，造成高校不能充分承担其社会职能，提供公共产品乃至危及其生存的可能性，是风险的货币化表现，相对于狭义的高校财务风险，广义的财务风险从更宽泛的视角界定了高校财务风险的成因，拓宽了对高校财务风险的认识，有利于加强对高校财务风险的全面控制和管理。也有观点认为，在定义高校财务风险时，应将高校财务风险界定为可能给高校带来损失或收益的不确定性。

二、高校财务风险的组成

作为非营利机构，高校与企业不同，高校的财务风险从总体上看主要表现在以下三个方面。

（一）筹资风险

如今，高校资金筹集日益多样化，既有财政拨款、学费收入，也有国内外资助及金融机构贷款等其他形式。在高校的全部流入资金中，财政拨款是政府预算支出项目，来源最为稳定可靠，其风险一般可以忽略不计。而国内外资助资金，由于其在全部资金中所占比重较小，因此对该部分资金的财务风险也可以简化处理。学费收入风险是指因学生拖欠学费而使高校遭受经济损失的可能性，此种风险可以通过加强学生的收费管理而避免。

综上所述，高校筹资风险主要体现在高校取得的金融机构贷款风险上。高校的金融机构贷款风险是指高校向银行等金融机构取得贷款后，由于贷款结构不合理、贷款使用不当或贷款管理不善，而使高校遭受经济损失的可能性。高校贷款风险的成因主要有国家政策变动、利率波动、高校资金管理不善、资本结构不合理、长短期债务失衡、高校支付能力不足等。目前，向银行等金融机构贷款是高校解决资金短缺的主要途径，但是随着高校贷款规模的持续扩大，长期贷款比重的逐步增加，高校的融资成本也不断上升，巨额贷款使高校面临严峻的财务风险。

（二）投资风险

在市场经济条件下，高校与企业一样受到市场经济规律的影响，但是高校不同于企业，企业投资的目的是追求更高的回报和盈利，而高校属于非营利性组织，其投资主要是为了满足社会日益增长的教学科研需求，其投资风险主要体现在基建项目投资风险和校办产业连带风险上。高校基建项目投资的投向合理性，直接影响着高校的办学水平与质量。高校若对自身定位认识不清，对所投资基建项目缺乏科学论证，则会导致盲目投资或重复建设；倘若项目完成后，不能取得预期的经济效益和社会效益，将会给高校带来巨大的还贷压力。

校办产业连带风险是指高校校办产业经营而使高校产生连带经济责任的可能性。高校的校办产业是为了实现高校科技成果转化而成立的，虽然现在大多校办产业已经进行了公司制改造，但高校仍然与校办产业有着千丝万缕的联系，一旦校办产业由于经营不善导致经济损失，高校很可能要承担连带责任。

（三）教育教学风险

目前，随着高校招生规模不断扩大，虽然不断增加教育教学成本，但是各个高校仍无法保证软、硬件与学生数的同比增长。学校教学基础设施不足，生均校园面积、生均图书拥有量、生均教学仪器设备台件数下降情况在许多高校出现。师资力量不足，教师满负荷工作，知识得不到更新、提高，导致教育教学质量下降，科研能力减弱，毕业生就业困难，最终使得高校信誉受损，办学效益低下，进而引发财务风险。

假如为了规避财务风险，高校进一步压缩日常教学经费、科研经费和师资培训经费及教师待遇经费等，只能加剧师资流失和教育教学质量下降，形成"教育教学风险—财务风险—教育教学风险—财务风险"的怪圈。

三、风险评价指标体系理论

（一）风险评价的内涵

风险评价是指在风险识别和风险估测的基础上，对风险发生的概率及损失程度结合其他因素进行全面考虑，评估发生风险的可能性及危害程度，并与公认的安全指标相比较，以衡量风险的程度，并决定是否需要采取相应措施的过程。

（二）风险评价指标体系构建理论

风险评价指标体系是指若干个相互联系的统计指标所组成的有机体，在构建风险评价指标体系时要把握好以下几个方面，即选取原则、指标范围和层次结构。

1. 选取原则

一般来说，全面性原则和整体性原则是指标体系构建的基本原则，指标越多、越细、越全面，反映客观现实也越准确，但也要兼顾可操作性原则和简明性原则，以免随着指标量的增加而造成数据收集处理工作的成倍增加，指标过多也会导致指标重叠、相关性严重。

2. 指标范围

指标范围的确定涉及风险评价的目的，即根据所要求评价的主体选择跟主体有关的指标，如在针对公立高校财务风险评价的指标体系构建中，风险评价的主体是公立高校的财务状况，所选取的指标应与财务运行情况相关，并且适用于公立高等院校。

3. 层次结构

层次结构反映风险评价主体的属性，确定组成系统诸要素在整体中处于何种地位、具有什么作用、占有多大比例，要突出反映评估对象本质的要素，舍去某些次要的要素。我国现有的财务风险评价指标体系主要包括短期偿债能力分析、长期偿债能力分析和盈利能力分析三个方面，还有的以现金流量为基础，重点把握现金盈利值和现金增加值两类指标。

（三）常用的指标体系评价方法

1. 单变量判定模型

单变量判定模型的应用原理是当企业出现财务困境时，其财务比率和正常企业的财务比率有显著差别。这种方法是人们开始认识财务风险时最先采用的评估方法，比较常用的单一变量包括资产收益率、资产负债率等，但随着经营环境的复杂化，用单一变量进行财务风险的评价势必造成评价结果的片面性。

2.多元线性评价模型

多元线性评价模型是在单变量判定模型的基础上发展起来的，它的应用原理是变量服从多元正态分布，多元线性评价模型考虑多个变量对于评价主体的影响，但同时面临着解决线性相关的问题。

3.综合评价法

综合评价方法的应用依据是财务比率存在标准值，它们或是极大型变量指标，或是极小型变量指标，或是区间型变量指标，但都可以根据标准值和变量的变化规律给指标数值进行打分。当然，该评价方法的关键也是确定标准评分值和标准比率，主观性较强，但通过长时间的实践评价结果会越来越趋近于真实值。

4.神经网络分析模型

神经网络分析模型实现了风险的动态评价。这种模型在20世纪90年代已经在国外普遍使用，它由一个输入层、若干中间层和一个输出层构成，它不需要主观定性地判断企业财务风险状态。但是这种模型比较复杂，技术要求高，所以在我国企业中它的应用还是受到不小限制。

四、基于现金流量的高校财务风险评价体系构建

（一）现金流量模型的构建

1.现金流量表的编制原理

首先，现金流量表可全面显示出高校资金的整体使用是否合理，从而在高校的日常运营活动、投资活动和筹资活动里寻找致使总体失衡风险发生的现金紧张的原因。此外，为了能够单独反映由于不良的预算管理引起的资金日常运营的风险、由于资产购入引发的投资风险和由于贷款出现的筹资风险，要求列明各资金活动里的现金来源、使用和结余的详细信息。其次，高校投资和筹资活动要与高校的长期计划相匹配，最终体现在高校的日常运营，从强化高校管理的角度来看，它应该着重于其日常运营里发生的现金流量的状况。再加上目前"定额经费加专项经费"的拨款模式，高校运营资金的现金流量不但要做到收支平衡，还要在基本运行与专项经费运行里做到各自现金流量的收支平衡。鉴于此，编制的现金流量表不但要反映高校运营的现金流量状况和其日常经营、投资、筹资活动中的现金流量状况，而且要区分显示日常经营中的基本运行及专项经费的现金流量状况编制现金流量表要依托目前的报表体系，与资产负债表、收入支出表和银行贷款情况统计表的内容

相衔接，还要满足合理的钩稽关系。

2．现金流量表的基本内容

当前高校的"现金"仅指库存现金与银行存款。此文所编制的高校现金流量表以现金流量为依托，主要用于显示高校总的现金流量的构成，涵盖日常经营、投资和筹资的现金流量情况；附表用于更深层次地显示日常运营活动的现金流量构成，涵盖基本运行和专项经费的现金余存情况。

主表编制时主要依托资产负债表，总括并且分别显示了"运营活动产生的现金净流量""投资活动产生的现金净流量""筹资活动产生的现金净流量"和整体"现金净流量"的变化与形成。其中，"运营活动产生的现金流量"显示在高校教学、科研与对外服务等活动中发生的现金流量；"投资活动中产生的现金流量"显示把日常营运资金安排到基础建设里发生的现金流量、固定资产、无形资产和对外投资活动中发生的现金流量；"筹资活动产生的现金流量"显示高校借款的新增数额和因借款产生的当年利息支出等现金流量；总现金流量的净增加额是通过加总以上三项现金流量净增加额得到的。

附表编制时主要依托收入支出表，将主表里"本期运营收支结余"项目依据运营活动的不同性质进行进一步分解。依据高校能否自主地统筹安排资金，分别用"非限定性现金流量"和"限定性现金流量"两项内容来反映基本运行和专项经费的现金余存情况。以此为基础，调整事业基金、专用基金等项目，从而获得"本期运营收支结余"。

3．现金流量表的模型架构

以上现金流量表的内容显示了高校财务风险类别，同时还有如下的钩稽关系：现金和现金等价物净增加额＝运营活动产生的现金净流量＋投资活动产生的现金净流量＋筹资活动产生的现金净流量；运营产生的现金净流量＝非限定性收支净额＋限定性收支净额＋调整项。由此，我们可以通过图 1-1 建立起现金流量模型的基本构架。

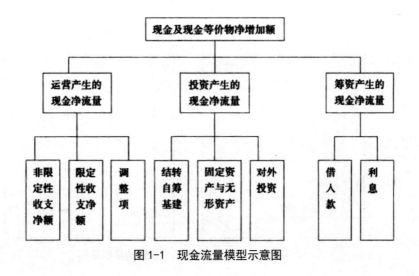

图 1-1　现金流量模型示意图

图中第一层内容显示报告期里现金流量的净增加详情。数值为正说明高校在此年度的现金收支活动中有结余，高校的净资产增加；数值为负说明高校在此年度现金流出高于现金流入，高校的净资产规模变小。第二层内容揭示引起现金净增加额为正或为负的原因。第三层揭示影响各资金活动的因素。具体而言，运营活动中发生的现金净流量能够由限定性与非限定性收支净额以及调整项目进行分析；投资活动中发生的现金净流量能够从结算转变为自筹基建、固定资产和无形资产以及对外投资三方面进行分析；筹资活动中发生的现金净流量能够从借入款和需偿还的利息这两方面进行分析。

（二）高校财务风险评价规则构建

1. 构建思路

高校财务风险评价旨在快速揭露高校资金运动中存在的风险，强化对高校资金的管理，作为分析风险的工具，更着重于对过程进行管理，着重于防范风险而不是补救风险。因此，尽管要揭露出由现金流中断而引起的财务风险，然而此文构建的评估财务风险的体系更偏重在风险累积进程里表现的各项表面特征，从而能更好地预警和监管风险。在构建评价规则时有两个核心需要引起注意：一是对风险进行分类评价；二是对风险进行等级评价。

分类评价需要选择部分评价指标以便反映高校总体运行状况、日常营运状况、投资状况和筹资状况；等级评价需要依据风险的危害性定性划分，与目前评价财务风险较多使用的排序评价法相比，此文的评价方法能同时显示财务风险的总体状况和在风险等级下各资金活动情况。

整体来说，评价规则的思路应当按照首先划分风险，再经由阈值和判别过程来划分等级。图 1-2 反映了风险类别与风险等级划分及判别之间的关系。

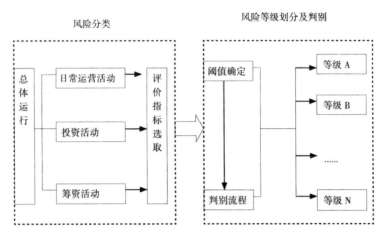

图 1-2　风险评价体系的规则构建思路

具体来说，在风险分类阶段要捕捉到能反映各项资金活动风险情况的评价指标；在划分和判别风险等级阶段要捕捉到能够进行风险等级划分的阈值和判别步骤，并以此评估出高校的风险状况。此外，在高校发展过程中，高校的财务风险具有阶段性的特点。主要表现为在不同时期，度量每项资金活动中的风险指标在侧重点上有所不同，同样的风险表征也呈现出此种阶段性的特征。所以，与之对应的是，风险指标能够进行调整和变动，然而选取风险指标和表征风险等级具有同一性。在紧随其后的规则构建里，选取了分类评价指标、风险等级和判别风险等级的过程，目的在于着重诠释风险评估体系中的原理。

2.选取分类评价指标

通过观察分析高校的财务实践，对日常营运风险、投资风险和筹资风险起决定作用的是营运非限定性收支平衡情况、限定性收支平衡情况、自筹基建支出情况和贷款利息支出情况等，所以且可选取如下最具代表性的评价指标。一是总体运行风险。可采用"期初现金余额＋本期运营收支结余"指标。指标如果为正，表明高校能确保收支平衡，资金周转正常；指标为负，则表明高校资金周转存在问题。二是日常运营风险。考虑到日常经营中资金具有不同的性质，高校之间运营风险所具有的可比性，各自采用"限定性收支净额""非限定性收支净额"和"非限定性收支净额和本期运营收支结余的比值"这三个指标。三是投资风险。因为高校日常经营收支结余的资金和用于基础设施建设支出的资金相匹配，所以当判别自筹基建支出是否合理时，采用"投资和暂付款的现金净流量占本期运营收支结余的比重"这一指标。四是筹资风险。由于有众多因素可以影响高校贷款，此外每年高校偿还的本金数额无规律可循，因此本书没有分析贷款额，而是仔细考虑利息支出和贷款总额的密切联系，以及由利息支出产生的刚性需求由日常运营结余来安排，所以选择"利息支出占运营支出的比重"这个指标。

3.设计风险等级

下面依照风险程度的高低顺序把高校财务风险分为绿色、黄色、橙色和红色四个等级。每个等级下面资金活动都有其表征：一是绿色等级。这是高校财务风险等级里安全性最高的一个等级。在此等级中，高校谨慎管理各方面的资金，应对风险的能力比较强。总体运行稳健，资金周转正常。二是黄色等级。此等级下财务风险渐进积累并开始呈现，总体勉强可以稳健运行自身能够支付支出的贷款利息和自筹基建，然而将结余的资金安排到其他管理活动比较困难，需要一些贷款才能保障。开始出现非限定性收支净额，赤字比较少，依靠挤占限定性收支结余才能得到缓解。三是橙色等级。此等级中，高校具有明显的财务风险表征，为了确保其正常运营，需要利用相当一部分的沉淀资金，为了填补资金缺口，需要申请银行贷款，然而总体稳健运行。实际的财务负担主要是由支付贷款利息造成的，需要银行贷款来满足自筹基建支出，同时贷款还要满足其他管理活动的需要。限定性收支净额尽管有结余，然而非限定性收支净额却难以保持收大于支。四是红色等级。此等级下中财务风险达到最高，高校总体运营已然难以保持收支平衡，现金周转困难。发展到该等级的原因有两种：一种是以橙色等级为基础，财务状况呈现并进一步恶化；另一种是由于某项资金运动陷入困境（如在日常运营里非限定性收支净额亏空巨大，限定性收支净额呈现赤字；在投资活动里，自筹基建支出惊人地达到运营收支结余的数倍，高校申请并利用了数额巨大的银行贷款；在筹资活动里，高校运行只能借助于贷款，不断借债还债，高校营运的主要支出是利息支出），因此，应用绿色、黄色、橙色和红色等级来体现高校财务风险的安全和危害度时，能够得出高校的风险等级和评价指标匹配这个结论。

4. 确定划分等级的阈值及判别流程

为了划分不同的等级，需要确定评价指标阈值。如何选取阈值个数和划分等级的数目关系。对于上文所划分的四类风险等级来说，在理论上各项评价标准需要确定三个阈值。通常依据科学的统计理论和方法来选择阈值。

划分等级的过程实质上是按照整体到部分的顺序考察高校财务风险，总体运行未出现风险并不意味着贷款、投资和运营方面无风险。然而总体运行如果呈现风险，必定说明它管理资金的活动具有很大的风险。所以，判别等级要完成三个步骤：一是初步诊断总体运行风险，首先识别高校是否进入红色的等级范围；二是诊断各项资金活动所具有的风险，将本身的财务状况和对应的评价指标的阈值进行对比，以此分析各类风险的等级状况；三是综合诊断，全面考虑总体风险和各类风险的等级后果，以便最终确定高校的风险状况。通常而言，总体风险等级和每一类风险等级里的最差等级决定高校整体的财务风险。

5. 风险评价及原因诊断

最终划分的风险等级一方面能用于描述特定时期中具体高校的财务状况，另一方面则能够直观地显示每个风险等级里高校的分布状况，以揭示目前高校财务风险的总体危害度，可以很好地预警高校风险。由于高校财务风险的等级评价能综合反映总体风险和分类风险状况，因此借助日常运营风险、投资风险、筹资风险中的单双因素和三因素来确定导致高校风险出现的原因，进而诊断出高校应加强对哪些资金活动的管理。综合分析导致每个高校风险出现的原因，能够评价引起目前高校总体风险情况的因素。

第二节　高校财务管理的相关概念

财务管理体制是在一定经济制度下，对财务活动的各方面进行组织管理的制度和方法的总称。它包括管理权限的划分、财务管理机构的设置、财务制度的制定等内容。高校财务管理是高校依据国家、地方法规制度和办学方针，以实现学校办学目标为中心，组织各项财经活动，处理各种财务关系的一种管理活动。高校财务管理模式包括财务管理体制及在财务管理和运作中的各种制度和方法。高校财物管理内容包括机构设置、预算管理、经济政策、财务分析与预测、资金管理、组织收入与内部控制等。以下内容是对高校财务管理的相关概念做出的简要概述。

一、高校财务管理的内容

高校财务管理内容包括资金筹集、分配、使用的管理，涉及预算、实施、决策、控制、分析、监督管理等环节。财务控制思想贯穿在财务管理的整个过程中，管理过程中有控制的思想，控制过程中有管理的内容，财务管理与控制是不可分割的整体。

（一）资金筹集

高校资金的筹集渠道主要有财政拨款、向主管部门申请各类专项资金、收取学费、科研服务收入、接受各类捐赠以及筹措其他各种收入等。这项管理内容涉及资金收入预测和实施环节，即对筹集的资金项目和筹资总额进行预测，并对预测行为付诸实施，以取得实际的筹资收入。

（二）资金的分配

资金的分配是指根据学校的发展规划进行资金使用额度的预算分配，即确定将筹集到的资金投向于哪些方面。这项管理内容的核心是校内的编制，业务的具体表现包括对支出总额的预测、资金投向的决策等。

（三）资金的使用

资金的使用是在资金分配的基础上进行的支出管理和控制，其实质是预算的执行。根据各项目的资金预算，对项目资金使用过程进行监控，使支出范围和支出金额符合预算的要求。这项管理内容涉及控制、分析环节，即控制超预算支出、分析预算执行情况等。

资金筹集、分配、使用都涉及监督管理的环节，必须有作为第三者的内部审计等部门对其进行监督控制。

二、高校财务管理模式的分类

国内许多学者提出"统一领导、集中管理""统一领导、分权管理""一级核算、两级核算""两级核算、分级管理"等高校财务管理模式，上述分类基本上反映了我国高校财务管理模式的基本特点，但与高校实际的运行模式比较仍稍显粗略。为此，可以将高校财务管理模式分为以下四类。

（一）完全集中的财务管理模式

完全集中的财务管理模式要求高校内部只设一级财务部门，统一领导学校的财务事务，集中管理学校的所有经费，在一级财务部门之外不设同级财务机构，学校所有财务收支都必须通过一级财务部门，校内其他部门、各学院等二级单位没有任何财权，也没有制定本单位内部财务规章制度及实施办法的权力。

（二）非完全集中的财务管理模式

学校将大部分资金留在校级统一管理使用，二级单位对学校分配或自己创收的很小一部分资金拥有有限的自主权。学校将主要的资金统一调度使用，对教职工工资、水电费支出以及大部分开支由学校及其职能部门控制，各学院只拥有有限的自主权，对本部门能够控制的开支有制定财务规章制度实施办法的权力。

二级学院通常不设财务机构，由学校财务处统一管理。二级学院的可控经费主要由四部分组成：①学校分配给学院经费，包括部分人员工资、学生经费、教学业务费等；②学生学费收入；③学院的创收收入，包括各类办班、对外服务创收等；④学院的其他收入，包括学院获得的捐赠收入、附属单位上缴的费用等。学院的科研经费由学校直接划拨到相应的项目组或教师手中，不受学院支配。由此可以看出，二级学院实际可控的经费很有限，不利于学院资金配置的效率，更不利于学院的长期发展。

学校向二级学院划拨办学经费有两种方式。一是切块法。学校财务部门按财政预算项目进行预算，各项目预算经费分配到相关职能部门，再由这些职能部门按一定方式把各项目预算经费的大部分分配到学院，剩余部分留作宏观调控。此模式的弊端是，学校财政预算中各项目费用难以科学合理地确定；学校相关职能部门分配预算经费时截留了一部分，作为宏观调控，直接分配到学院的经费明显减少，因而很难按教育成本进行核算；学院的办学经费来自学校各个相关职能部门，学院很难统一计划、统一使用。二是高校把办学经费直接划拨到学院。分配方法采用生均定额法，即由学校财务部门按学院在校生人数分配学院办学经费，以每名学生为产出确定其经费投入成本。用生均定额分配方法的优点是计算比较简单，容易被二级学院所接受。缺点是容易造成学院之间贫富差距悬殊，造成某些基础学科和缺乏创收能力的学院人员经费和公用经费的开支紧张；使学校宏观调控能力减弱。

（三）非完全分散的财务管理模式

在非完全分散的财务管理模式，学校也只设财务处作为一级财务部门，但赋予各学院一定的财权，也会在规模较大的学院设立二级财务机构，学院自行管理其创收经费的财务收支，对学校分配给其分管的经费自行安排使用。学校财务处负责制定统一的财务方针政策和统一的财务规章制度，负责学校总经费的核算，控制监督各部门的经费按学校的财务政策和财务制度使用，保证学院的经费实施办法不违反国家的财务政策。学院有权根据学校统一的财务政策和制度，制定学院内部具体的执行方案，可根据学校的财务政策和制度制定本学院经费使用实施办法，但各学院的经费支出、开支范围及开支标准应接受财务处的统一监督。

（四）完全分散的财务管理模式

在完全分散的财务模式下，学校以学院为成本中心和利润中心，是一种基于分散财务权力和责任的财务管理模式。高校把从政府得到的拨款直接分配给有关学院，每个学院获得的经费再按一定的比例上缴学校。收上来的经费一部分用于学校的财务管理，另一部分用于校部人员工资、校舍维修、公共关系、校友联络等学校的公共费用。各学院编制自己的预算，院长具有很大的资金使用权，也有一些高校在收到拨款后，先将行政经费扣除，然后将剩余资金在各学院之间进行分配。学校对二级学院实行宏观管理，按照各学院的理财理念做好学院责任预算经费的会计核算工作以及会计信息查询等会计服务工作。

虽然仍由学校实行统一领导，但是学校却将大部分的财务决策权下放给学院，学院可以对学校分配的各项经费和创收留成收入根据事业发展的需要进行调整、使用和核算。分散管理模式使学院能够更加直接地参与预算的制定和资源的使用过程，加强了各学院预算及资源分配的灵活性，同时使权力分散化，降低了信息成本，有效地解决了资源不足所带来的问题。学院的财务管理一般采取责任中心管理的模式，责任中心管理模式允许院长对学院的预算进行控制，也就是说，院长可以独立于学校自由地使用资金，并对学院的资金使用情况负责。二级学院成为相对独立的办学实体，学院的责任中心管理要有明确的责任目标和责任指标体系，以保证各部门所承担的经济责任的落实。不同的责任中心其责任指标的性质和内容也应有所不同。尽管有些责任中心的责任难以完全量化，但对各责任中心都必须确定责任指标体系。可以首先确定一个综合性强、能反映责任中心的基本业务及责任界限的指标作为牵头指标，在此基础上再加以细分，分解形成责任指标体系。

三、高校财务领导体制及管理机构

要做好高校财务管理工作，首先必须弄清楚高校的财务领导体制问题。对于高等学校的"校长负责制"领导体制，国家有明确的法律规定，高校是没有自主决定权的。因此，高校财务领导体制必须与高校领导体制一致，在统一的领导体制下，财务管理工作的具体管理办法和管理措施可以根据最优原则来选择。

（一）管理层财务领导体制的相关规定

高校财务管理工作校长负责制是法律赋予校长的职责。

《中华人民共和国高等教育法》明确规定了"国家举办的高等学校实行中国共产党高等学校基层委员会领导下的校长负责制"。

《中华人民共和国会计法》规定了"单位负责人对本单位的会计工作和会计资料的真实性、完整性负责"。

《高等学校财务制度》也提出了"高校财务工作实行校（院）长负责制。符合条件的高校应设置总会计师，协助校（院）长全面领导学校的财务工作"。

从以上相关法律法规可以看出，校长是学校的法定代表人，具有全面领导和管理学校各项工作的法定权力，是学校各项工作的总负责人。因此，为理顺财务关系，落实经济责任制，根据责权相结合的原则，高校的财务工作由校长负责，只有这样，校长才能及时了解财务工作状况，全程监控财务活动。

（二）管理层领导财务工作的实施形式

高校管理层领导财务工作的形式多种多样，主要有校长直接领导学校财务工作、学校领导班子共同管理学校财务工作、财经委员会管理学校财务工作、总会计师管理学校财务工作等。

1. 校长直接领导学校财务工作

校长直接领导学校财务工作是指校长亲自负责全校的财务工作，并指挥财务部门具体管理财务工作，财务部门负责人直接向校长汇报财务工作情况。校长领导财务工作，财务部门负责人具体管理财务工作，这种校长负责制和财务处长管理制是高校对学校财务进行管理的主要形式。

2. 学校领导班子共同管理学校财务工作

学校领导班子共同管理学校财务工作，即校长委托分管财务的副校长管理学校财务工作，委托分管学院及部门的副校长管理本学院及本部门的经济工作及预算资金使用等。在校长的领导下，学校领导班子共同管理学校财务工作也是高校管理层领导财务工作的一种主要形式。

3. 财经委员会管理学校财务工作

财经委员会管理学校财务工作是指学校成立由校领导和相关部门经济管理人员组成的财经委员会，协助校长管理学校的财务工作。相对来说，财经委员会由懂经济的人组成并实施管理，因此从理论上讲对学校财务工作的管理更为有利。

4. 总会计师管理学校财务工作

总会计师管理学校财务工作，即由总会计师协助校长全面管理学校的财务工作。《总会计师条例》中对总会计师的定位为："总会计师是单位行政领导成员，协助单位主要领导人工作，对单位主要行政领导负责。"凡设置总会计师的单位，在单位行政领导成员中不设置与总会计师职权重叠的副职。

（三）财务管理机构的设置

财务领导体制确立后，管理层必须设置财务管理的机构，负责日常财务工作的管理。根据高等学校财务制度的要求，高校管理层必须单独设置财务处作为一级财务机构即校级财务机构，在校长负责制和管理层的领导下，统一管理学校的各项财务工作。因工作原因，需要设置二级财务机构的，二级财务机构的财会业务必须由一级财务机构统一领导、监督和检查。

四、高校财务管理的控制系统

高校财务管理涉及高层决策指挥管理、经济事项审批、资金的各环节管理、实物资产管理、内部监督控制等各个方面，不只是财务部门的管理问题，而是一个系统的管理工程，可以将高校财务管理和控制归结为由管理层决策指挥系统及其授权审批管理系统、财务部门管理系统、内部审计监督控制系统三个子系统组成的一个管理和控制系统。"管理层决策指挥系统"由校级领导组成，是高校财务管理系统的最顶层；"授权审批管理系统"一般由高校中有经济管理权的中层干部组成，与管理层分享经济审批权限和分担经济责任；"财务部门管理系统"由财务部门管理人员组成，负责高校日常财务管理；"内部审计监督控制系统"由高校的内部审计部门人员组成，对高校所有经济活动进行监督控制。

高校财务管理控制系统的运行规则如下：首先，由"管理层决策指挥系统"授权和分担责任给"授权审批管理系统"；其次，利用财务内部制度控制"财务部门管理系统"的运行；最后，下达内部监督指令到"内部审计监督控制系统"。同时，"授权审批管理系统""财务部门管理系统"和"内部审计监督控制系统"将各自的系统信息反馈给"管理层决策指挥系统"，并就本系统范围的财务工作对管理层负责。财务部门管理系统是高校财务管理和控制的核心系统，是财务管理信息最主要的交换和控制系统，授权审批管理系统审批后的经济事项由财务部门管理系统负责执行；内部审计监督控制系统提出的意见和整改措施也由财务部门管理系统进行落实和整改。同时，财务部门管理系统根据国家的财经政策和学校的规章制度，将授权审批管理系统和内部监督控制系统传递来的信息进行筛选后反馈给对方。

此外，财务部门管理系统的各种管理制度是需要人来执行的，财务管理人员在系统中处于非常重要的地位，财务管理人员在财务管理控制中既是管理控制的实施者，又是系统的被控制者。对财务管理人员的管理也是财务管理的重要方面。高校财务管理人员一般为会计人员，因此有必要从财务部门管理系统中将会计人员管理项目单独列出，专门对会计人员进行管理。

第三节　高校财务管理基本理论

一、委托代理理论

（一）委托代理理论的起源

委托代理理论是过去几十年中制度经济学的最重要发展之一，它是 20 世纪 60 年代末 70 年代初一些经济学家深入研究企业内部信息不对称和激励问题发展起来的，被广泛地应用于企业分析，但是现在正逐渐地被应用于社会科学的各个领域。委托代理理论的中心任务是研究在利益相冲突和信息不对称的环境下，委托人如何设计最优契约激励代理人。

从思想渊源上看，委托代理理论最早可以追溯到英国经济学家亚当·斯密。他在《国富论》一书中认为，股份公司中的经理人，使用的是他人而不是自己的财富，不可能期望他们像公司合伙人那样自觉地去管理企业。因此，在这些企业的经营管理中，或多或少地会出现疏忽大意和奢侈浪费的行为，这实际上已经涉及了代理问题，揭示出经理人员与投资者之间潜在利益的不一致性。到了 20 世纪初，伴随着规模巨大的开放型公司的大量出现，委托代理问题变得更加突出，所以阿道夫·A. 伯利（美国）和加德纳·C. 米恩斯（美国）在《现代公司与私有财产》一书中写到，管理者权力的增大有损害资本所有者利益的危险。他们认为，由于发生了所有权与控制权的持续分离，可能会使管理者对公司进行掠夺。从此，许多经济学家开始研究委托人如何才能有效地控制和监督代理人即经理人员的行为问题。

（二）委托代理理论的基本观点

委托代理问题存在的根本原因是信息的不对称。委托代理关系是伴随着经济发展和专业化分工而产生的一种契约关系。如果这种契约关系满足两个条件，即委托人和代理人共同分担公司经营的风险和不存在隐藏信息，那么这一契约将会是最优契约，也就不会产生代理问题。但现实情况是，委托人和代理人之间由于目标函数不同和非对称信息的存在，往往使最优契约条件无法满足，从而产生代理问题，即委托人承担了因代理人行为产生的全部风险。

在信息对称的情况下，代理人的行为可以清楚地被委托人观测到，因此代理人可以预见到委托人将会依据观测结果对其实行奖惩，所以会约束自己的行为，因而不会产生代理问题。但是在信息不对称的情况下，委托人不能凭代理人的行为对代理人进行评价，因为委托人观测到的只是代理人的行为变量，而这些变量掺杂了代理人的自身行动和代理人外部的随机因素，导致委托人无法恰当区分代理人行为是由于其自身原因产生，还是由于外部因素影响产生的。于是，委托人只能通过激励合同的设计来实现自己的预期期望。

一般认为，公司内部存在的委托代理关系是约瑟夫•斯蒂格利茨所说的股东(所有者、委托人）与经理层（经营者、代理人）之间的关系（1978），但其实委托代理关系存在于每一个管理层级（米歇尔•詹森和威廉姆•马克林，1976），公司实际上是多重委托代理关系的集合体。为了降低代理成本，委托人将会采取必要的监督和保证措施，比如审计、规范控制系统、预算限制和激励制度等。

（三）委托代理理论与高校财务管理

在我国高校的管理中存在着两组相互联系的委托代理关系：一是上级主管部门与高校之间，在高校与上级主管部门之间由于信息不对称，高校的利益随着改革的进行产生了独立的利益，高校作为上级主管部门的代理人与上级主管部门利益不相一致；二是高校内部上级与下级之间存在委托代理关系，学校是委托人、二级单位是代理人。因此，我国高校财务管理体制改革的核心是一方面要使高校管理者以最大的自主权管理好高校，另一方面又要保证国家的利益，对高校管理者进行有效的监督和约束。

因此，在高校财务管理中要建立健全有效的激励约束机制。要坚持权、责、利相统一的原则，最大限度地调动代理人的积极性，在发挥其主观能动性的同时，又要保证其行为目标与委托人的要求相一致，避免和消除代理人利用职权和信息优势谋取私利。

高校的薪酬激励机制由固定工资、奖金、岗位津贴等组成。固定工资作为较为稳定可靠的收入，起到了基本保障作用，满足了高校工作人员规避风险的愿望和要求，但固定工资所起的激励作用较弱。奖金有一定的风险，它与代理人的"德、能、勤、绩"相联系，有较强的激励作用，但易导致短期行为。岗位津贴若能配之以合理的考核，能结合固定工资与奖金的优点，就能更好地发挥激励的作用。

现代公司制企业中的法人治理结构，通常会建立由股东大会、董事会、经理人员和监事会构成的权力相互分离和制衡的机制。这种机制体现了所有者及其他利益相关者对高层经理人员的要求，形成了高层经理人员的组织监督约束机制，这种约束既表现为诸如《中华人民共和国公司法》之类的法律约束，也表现为公司章程、内部管理制度等的管理约束。与此相类似，高校管理体制的创新必须逐步建立起较为完备的内部监督约束机制，通过教育立法和建立完善且可行的规章制度管理条例，在上级政府与高校之间、高校内部各职能部门之间、各职能部门与教职工之间建立起权力相互分离又相互制衡的监督约束机制。

二、权变理论

（一）权变理论的含义

权变理论是 20 世纪 60 年代末 70 年代初在经验主义学派基础上进一步发展起来的管理理论，是西方组织行为学中以具体情况及具体对策的应变思想为基础形成的一种管理理论。

权变理论的兴起有其深刻的历史背景：20 世纪 70 年代，美国社会经济动荡不安，政治骚动达到空前的程度，石油危机对西方社会产生了深远的影响，企业所处的环境很不确定。以往的管理理论，如科学管理理论、行为科学理论等，主要侧重于研究加强企业内部组织的管理，并且这些理论大多都在追求普遍适用的、最合理的模式与原则；当企业面临瞬息万变的外部环境时，这些理论却显得无能为力。正是在这种情况下，人们不再相信存在一套最佳的管理方式，而是必须因地制宜地处理各种管理问题。于是形成一种管理取决于所处环境状况的理论，即权变理论。它在美国一兴起，就受到了广泛的重视。

权变理论认为，每个组织的内在要素和外在条件都各不相同，因而在管理活动中不存在适用于任何情况的原则和方法，即在管理实践中要根据组织所处的环境和内部条件的发展变化随机应变，没有一成不变的、普遍适用的管理方法。成功管理的关键在于对组织内外状况的充分了解和有效的应变策略。

权变理论的核心是指世界上没有一成不变的管理模式。管理与其说是一门理论，不如说是一门实操性非常强的技术；与其说是一门科学，不如说是一门艺术，权变管理能体现出艺术的成分。一位高明的领导者应该是一个善于应变的人，即根据环境的不同及时变换自己的领导方式。权变理论告诉管理者应该不断地调整自己，使自己不失时机地适应外界的变化，或把自己放到一个适应自己的环境中。

作为一种行为理论，权变理论认为根本没有所谓的最好的办法去组织企业、领导团队或者制定决策。组织形式或领导风格在某种情况下效果卓著，然而换一种情况可能就不那么成功。换句话说，这种组织形式或领导风格依赖于组织内部或外部的因素。

（二）权变理论与高校财务管理

联合国教科文组织在 1998 年《世界教育报告》中指出："当今世界是一个全面变革的世界，以知识为基础的社会正在形成。"高校的管理是一个系统工程，在这个系统中，管理的对象在不断变化，管理的理论和技术也在不断发展。这不仅仅指高校管理所遵循的教育学、教育管理学等理论在发展，而且指那些与高校管理理论有关的其他学科如系统论、控制论、信息论等理论也在不断地充实高校管理理论，同时信息技术的日新月异也对高校的管理方式方法产生了深远的影响。

权变理论的核心是实行动态管理，认为不存在一成不变的、无条件适用一切组织的最好的管理，强调用发展的眼光看待管理。在高校管理中，权变理论蕴含的动态精髓有三个基本观点：一是：管理无最佳模式，即对学校的组织和管理，不存在一种最好的通用办法；二是：情景管理，即在一个特定的情景中，并不是所有的组织和管理的方法都是同样有效的，效率有赖于结构设计或方式是否适合一定的情景；三是：具体问题具体分析，即组织设计和管理方式的选择必须建立在对情景中的重大事件进行细致分析的基础上。因此，在权变理论原则下，高校管理必须不断改革、创新，各项改革不仅应切合实际、适应社会的需要，还要有灵活性，学校的目标、政策、计划、程序具有灵活性才能使改革顺利进行。同时还要有稳定性，改革要循序渐进，以保持组织和管理系统的稳定性，在动态中随机进行调整。

随着高等教育体制的改革，学校的投资主体已经从过去单一的财政拨款变成了以国家投资为主的多元化投资主体，高等教育的本质属性也由过去的非营利性、公益性延伸到了产业性。市场经济的确立，一方面为高校开辟了多元化筹资渠道，另一方面又使高校面临着高风险的复杂局面。高校作为非营利性的事业单位这一性质决定了学校既不能全部依靠举债来发展，也不能过分扩张陷入破产，但同时又要面对规模发展与经费短缺的矛盾，高校在这种背景与局面下，应该建立一种合理的财务管理模式，以便更有效地利用有限资源。

三、集权和分权理论

（一）集权和分权理论的含义

美国著名行政学家西蒙认为一个组织中集权和分权的问题不能脱离决策过程而孤立存在，有关整个组织的决策必须是集权的，同时，由于一个组织内决策过程本身的性质，分权也是必需的。关于直线人员同参谋人员的关系问题，西蒙认为也应从决策过程的观点来看，但他不同意"只有直线指挥人员才有权做出决策"这一观点。

（二）集权和分权理论与高校财务管理

长期以来，我国高校的财务管理实行的是集权制，财务的决策权集中在校级，学校把各项资金分类发给各学院，学院几乎没有灵活使用资金的权力。这不利于各学院办学的积极性，但过于下放权力又可能会导致各自为政，因此分权的前提是在统一领导的前提下，即在严格执行学校统一的财政方针政策、财政收支计划和财务规章制度的基础上给学院以下几个方面的管理权：在学校统一财务收支计划下，学院有权对学校下发的预算经费和分配的资源进行统筹安排和使用；在学校统一财务规章制度下，学院有权制定财务规章制度的实施办法；在学校统一财会业务领导下，学院有权管理本级会计事务。对于高校是采取统一领导、集中管理，还是统一领导、分级管理的财务体制，应与本校的性质、规模以及人力、财力、物力相适应，根据自身的财务状况形成适合自身的财务管理体制。

四、管理幅度理论

（一）管理幅度理论的含义

管理幅度（亦称"控制宽度"），指向管理者直接汇报的下级人数，涵盖计划、组织和领导职能。管理幅度是古典管理学派首先提出的。英国管理学家林达尔·厄威克在 20 世纪 30 年代系统地总结了泰勒、法约尔、韦伯等古典管理学派代表人物的观点，归纳出组织管理工作的八项原则，其中之一就是"管理幅度原则"。他在这一原则上指出，管理幅度是有限的，还提出了普遍适用的数量界限，即一个上司直接领导的下属不应超过 5～6 人。现代组织理论与设计吸收了各时期、各学派和各方面的研究成果，确立了关于管理幅度设计的科学指导思想。概括起来就是管理幅度是有限的，有效管理幅度不存在一种普遍适用的、固定的具体人数，它的大小取决于若干基本变量，也就是影响因素。有效管理幅度的影响因素有：管理者和被管理者的工作能力、工作内容和性质、工作条件、工作环境等。有效的管理幅度和管理层次取决于企业组织所处的状态和它们的影响因素；组织设计的任务就是找出限制管理幅度的影响因素，根据它们影响因素的大小，具体确定特定企业各级各类管理组织与人员的管理幅度。

（二）管理幅度理论与高校财务管理

管理幅度理论同样可以运用于高校领域，在高校管理体制改革之前，由于其功能不全，规模较小，人员少，管理比较容易，这时大多采用"统一领导、集中管理"的高度集权的管理体制。与此相适应的是，高校实行高度集中的财务管理体制，财务的所有权和使用权在校级部门。这种财务管理体制与当时高度集中的计划经济体制相适应，对于高校集中资源办大事，加强对下属单位的宏观调控起到了积极作用，促进了高校各项事业的发展。高校扩招以后，高校组织规模不断扩大，高校学院设置增多，校级机关面临的管理事务也更加复杂。在这种情况下，若学校仍事无巨细地高度集权来计划、领导、控制、决策组织的一切事务，不但客观条件不允许，而且效率也会非常低。这时出于对财务加强管理的需要，高校必须调整管理幅度，增加管理层次，实现管理重心下移，使高校下属机构、学院成为具有财务、人事等各方面权力的实体单位。校院两级财务管理改革的目的，从根本上来说就是如何在学校和学院之间分配财权，一方面有利于加强高校对学院的调控，另一方面使学院成为自主理财实体，增强其理财的积极性和创造性，从而实现"宏观调控、微观搞活"，提高学校资金的使用效率。这一切都要借助高校内部组织结构的重新设计和内部功能的重新划分，变集中管理为分权管理。

第二章　高校财务风险防范机制

高校财务风险是一个综合性的问题，研究其防范不能单纯停留在"高校"和"财务"两个维度。高校财务风险涉及政府对高等教育的要求，相应的经济及财政政策，经费供给的思路、结构、模式及导向，管理高校的模式和方法，以及高校自身的目标任务，经费来源，经费分配和使用，管理的制度、理念、方式方法乃至具体的办法等诸多因素。目标任务超出经费供给，或经费使用超出经费供给，或制度、理念、管理方式方法与事业发展的目标不相适应等，都会导致财务风险的发生。防范风险就是要使高校自身的目标任务，经费来源，经费分配和使用，制度、理念、管理方式方法等相协调、相匹配、相一致，成为一个保障高校科学发展和运行的有机整体，确保高校运行的血液——经费得以顺畅地运行。

第一节　完善经费筹措机制

资源投入是决定高等教育规模和质量的关键因素，保障投入是防范高校财务风险的基础和前提。随着全球范围内中等教育的普及和知识经济的兴起，人们对高等教育的需求急剧扩张，高等教育呈现出由精英教育向大众化乃至普及化方向发展的势头。发达国家较早地进入了大众化教育阶段，通过分析比较中外高校经费筹措渠道和结构的差异，分析比较财政经费分配的方式和方法，可以为我们保障高等教育事业的经费供给，防范高校财务风险提供有益的启示及借鉴。

一、政府主导和多渠道筹措

一般而言，衡量一个国家对高等教育资源投入的一个主要指标是高等教育总经费占GDP比重。这一指标的国际差异非常显著，从欠发达国家约 0.1% ~ 0.2% 到发达国家的 2.5% ~ 3%。国际上一般把各国高等教育经费筹措渠道分为四部分：公共部门、私人部门、国际渠道和高等院校销售和服务收入。来自公共部门的经费主要是政府的财政投入，来自私人部门的经费包括学杂费和公司、企业、慈善基金和其他社会组织的捐赠和资助，国际渠道则是指国际政府和非政府组织的贷款、资助和援助，最后一个渠道是高等院校自身经营产业和提供服务的收入。在四个渠道中，公共部门和私人部门基本都是主要来源。

根据公共产品的理论，高等教育属于准公共产品，因此在经费的筹措中，需要坚持政府主导和多渠道筹措的原则。事实上，各国的实践也遵循了这一基本原则，公共部门始终占据高等教育经费来源的主渠道地位，政府始终是高等教育的主要投资者。

二、财政投入的目标和原则

建立兼顾公平与效率的高等教育体制是世界各国政府追求的目标，也是各国大众化高等教育阶段所面临的共同难题。高等教育公平指的是社会成员在占有高等教育资源上的公正与平等，即通过资源配置的公平，实现社会成员在高等教育的入学、过程（接受各种教育服务）和结果（即就业）三方面的机会均等。公平的教育资源配置应同时具备以下三个内涵：一是横向公平，即均等分配教育资源以保证辖区内所有学校和学生享受基本相同的教育设施和服务；二是纵向公平，即依据"谁受益，谁负责"原则，要求接受高等教育的社会成员直接承担一定的成本；三是实质公平，即通过资源配置中的调整和转移，对特殊社会群体，如少数民族、贫困和残疾学生予以适当支持。横向公平和实质公平由政府的高等教育财政政策及投入决定，纵向公平则是成本分担及补偿问题，与私人部门（主要是受教育者及其家庭）的投入有关。因此，高等教育的公平问题最终归结为公共部门和私人部门投入的总量和结构以及公共部门投入的分配问题。高等教育总投入越多、公共部门投入的分配越均等、公共部门投入对特殊群体的扶持力度越大，实现公平的可能性越大。

高等教育承担着实现公平的社会责任。教育公平是和教育资源的分配密切相关，教育资源是有限的，且在地区分布、学校分布、时间分布上具有不平衡性。教育资源的分配受到国家政策、社会意识形态、经济发展水平、教育人口的变化等主要因素的影响。较为公认的教育资源分配的公平原则有以下五项。一是资源分配均等原则。这是一项起始性、横向性公平的原则，主要是保证同一地区、同一国家内对所有学校和学生实施基础教育财政公平。二是财政中立原则。指每个学生的公共教育经费开支上的差异不能与本学区的富裕程度相关。这项原则保证上一级政府能够通过对下级政府、学校不均等的财政拨款，克服所辖学区间、城乡间的教育经费差异，保证学生获得均等机会。三是调整特殊需要原则。对少数民族（种族）学生、非母语学生、偏远地区及居住地分散的学生、贫困学生、身心发育有障碍的学生和女童，给予更多的关注和财政拨款。四是成本分担和成本补偿原则。遵循成本应该由所有获益者分担的原则，要求在非义务教育阶段，对学生收取一定的教育费用，并对部分学生采取推退付费的办法，是一种纵向性公平。五是公共资源从富裕流向贫困的原则。这是现阶段各国学者判断教育资源分配是否公平的最终标准，是教育财政公平的最高目标，也是实现教育机会均等的最根本的财政要求。

随着知识经济时代的到来，尽管各国政府均认识到人力资本投资，尤其是高端人才培养对经济增长和国家竞争优势的重要性，但在有限的财政预算约束下，高等教育供给与需求的矛盾日趋尖锐，于是人们开始关注高等教育的效率。高等教育效率是从产出角度衡量上述资源投入的收益，包括人才培养的数量和质量、科研成果的数量和质量、社会服务等。从静态来看，一国不同地区、不同高等教育机构单位投入的产出数量和质量及由此产生的社会和私人收益肯定存在差异；若以既有的效率决定当期的公共和私人投入，尽管可以实现短期社会和私人收益的最大化，但必定会导致资源配置的不公平，这种不公平又会反过来扩大效率的差异，从而形成恶性循环，这便是效率与公平的冲突性。但是如果从动态来看，一国不同地区、不同高等教育机构当前投入产出效率的差异或许正是过去资源配置不公平的结果；要实现未来的、长期的社会收益最大化，应该在不降低高效率院校投入的前提下，增加对低效率院校的投入，一旦此类高校效率相对提升，私人投入就会增加，从而形成良性互动，这便是公平与效率的共存性。

因此，如果从动态角度理解一国高等教育的公平和效率，政府在培育高等教育效率中的作用和地位不可替代，高等教育公共财政的增长及其向资源匮乏地区和高校倾斜、向弱势社会群体倾斜是增进长期效率和实现实质公平的关键所在。建立规范的高等教育财政转移支付制度是实现兼顾公平和效率的一项重要政策措施。为此，我们要完善财政转移支付制度，明确建立规范的政府间财政转移支付制度的根本目标，是为了实现地方高等教育服务供给能力或水平的大体均等；逐步扩大均等化转移支付和与特定政策目标相联系的专项性转移支付的规模；完善专项性转移支付拨款，使项目的设置更科学、更合理，成为国家在高等教育方面对地方政府加以引导和进行宏观调控的重要手段；转移支付制度应坚持公正性、规范性、公开性的原则等。

三、财政拨款的方式

各国政府高等教育财政拨款的对象主要有三个：公立院校、私立院校和学生及其家庭。对公立和私立院校的拨款称为直接拨款，政府通过中间机构(如金融机构、高等院校)以奖学金、助学金和学生贷款等形式拨付给学生及其家庭的经费称为间接拨款。各国政府对三类对象的财政拨款呈现三大特点：一是公立院校是主要受益者，绝大多数国家政府对公立院校的直接拨款占高等教育总拨款的 70% 以上，部分国家甚至高达 100%；二是发展中国家公立院校政府拨款的相对水平高于发达国家；三是政府对学生及其家庭的间接拨款规模显著高于对私立院校的拨款，而且相当一部分国家尤其是发展中国家政府对私立院校不提供任何直接拨款。

政府向高等院校的直接拨款可分为三部分：教学经费、科研经费和基建与设备经费。从资金的用途看，高等教育的支出可分为经常支出和资本支出两大类。

各国政府对于高等教育的教学、科研、基本建设三类经费的拨付机制一般采用三种模式：总额拨款指的是不设附带条件的一次性大金额拨款，是主要的模式；专项拨款是面向特定院校或针对特定目标（包括设施、设备、课程等）的拨款；逐条列记拨款是严格按照预算条目拨付和支出的款项。具体拨款方法主要有四种：协商法、历史趋势法、公式法和竞标法。前两种拨款方法是较传统的方法，运用这两种方法，政府拨款金额分别取决于拨款部门与不同院校的协商和往年对不同院校的拨款量，因此，这两种方法往往是投入导向型的。后两种拨款方法则是较为新型的方法，各国公式法拨款的主要依据有投入、产出、质量、政策和成本等，其中，投入和产出是主要变量，而基于后一变量的拨款通常称为的绩效拨款，质量和政策变量可以对公式进行调整，以反映各国不同的学科发展、区域发展和人才培养的政策目标。竞标法则基于院校申报、公平竞争、同行评议来决定拨款的对象和金额，由于此类拨款方式以项目为中心，因而通常是产出导向型的。

各国教学经费拨款普遍采用总额和专项两种拨款模式，只有少数国家单独或混合采用逐条列记拨款模式，而且公式法是总额和逐条列记拨款模式的主要方法，竞标法则主要适用于专项拨款。在公式法教学拨款中，投入依据依然是各国政府考虑的主要因素，这些因素包括入学学生数、学生总数、职工数和教学科研人员数。但同时，将产出或绩效因素纳入公式已成为各国政府高等教育拨款的一大趋势。各国纳入公式的主要产出因素：授予的学位数、毕业生数、总学分数和升级率等。在质量、政策依据方面，学科、师资力量、对残疾学生、少数民族、边远地区的拨款倾斜政策则是调整公式权重的主要因素。

各国科研经费的拨款机制通常有两种：一种是与教学经费一起采用总额拨款方式拨付，另一种则是基于专项拨款方式单独拨付。采用前一种模式的主要理由是高等院校的教学职能与科研职能的界限并不清晰，因此，两方面的经费也不宜区分得太明确。但是，当前大多数国家采用的是后一种机制，在该机制下，拨款方式主要有公式法和竞标法两种，如英国高等教育的科研经费采用的是基于高等院校整体质量和研究能力评估的公式拨款，而美国则主要采用基于项目导向、同行评议的竞标法。而且，从经济合作与发展组织（OECD）国家总体情况看，与教学拨款相比，科研拨款的产出导向性更加明显。

一方面，各国对于资本性支出（基本建设等）的拨款机制大致可分为两种：一种是与教学、科研相同的模式与方法，共同拨付；另一种是与两者分离单独拨付。目前多数国家采用的是后一种机制。另一方面，在高等教育资本支出主要筹资渠道的债券融资中，政府扮演着重要角色，如在美国大多数州，如果公立院校采用学费收入债券和收入债券募集基本建设资金，政府承担着支付全部或部分债务的义务。

当前各国高等教育财政政策促进公平和效率两大主要举措：一是成本分担下的学生资助以实现公平；二是预算约束下的绩效拨款以增进效率。在有限的教育财政预算约束下，政府对高等教育投入的增量有限，各国兼顾短期效率和长期效率的主要策略是改进拨款机制，采用绩效拨款，在提升高等院校投入效率的同时，使增量部分兼顾公平。

近年来，我国政府开始引入基于绩效导向的拨款方式，这种方式对一流大学建设起到了积极的促进作用，在提升高校办学质量和服务经济社会发展能力等方面发挥了重要作用。同时，我们也要充分注意到专项经费名目过多、交叉重复，且占总经费比重过大。占总经费比重过大引起的问题，包括高等教育发展的同质化向、内涵式发展的导向不够，高校自主权名惠而实不至，定额经费不足的同时专项经费大量结余，"吃饭"与"建设"的财政供给结构比例失调，这些问题反过来更影响了高等教育的整体绩效和高校财务运行的健康顺畅。这么多年的实践证明，"基本支出预算＋项目支出预算"（实务中亦称"定额拨款＋专项经费"）是相对合理和有效的财政经费分配方式。定额拨款就是所谓的公式法拨款，主要功能是保障高校的基本支出；专项经费就是项目拨款，体现着扶优、扶强、扶特的绩效导向和竞争法则，主要功能是保障专项建设任务。

当前的着力点，首先，应该是进一步提高定额拨款占总体拨款的比例，提高定额的标准，确立生均定额拨款为主的财政经费分配基本模式，让高校能够有更大的经费统筹安排自主权和办出特色的资源配置基础。定额可以有高校分类和地区差异系数，但是定额差异也不能走进越分越细的死胡同。其次，专项拨款应采取更加开放的评审制度和更加严格的验收评价制度，专项经费的投入及成果应接受更加严格的公众及社会的监督与评判，更好地体现公平公正竞争的原则。办学及管理改革绩效奖励专项应更多地与立德树人和提高质量等终极目标挂钩，并将其纳入学校可统筹安排的自主权内，该专项不必拘泥于专用的原则。专项经费立项要求的学校配套一定要审慎评估，权衡运用经费分配杠杆干预学校预算安排和保障学校自主权之间的利弊。总之，财政经费分配应进一步体现简政放权的导向，正确拿捏高校自主权与绩效导向的关系，重视社会各方对高等教育绩效评价的关注点及尺度，把握好"一要吃饭二要建设"的财政经费安排的基本原则。

四、学费制度和助学贷款机制

在大众化阶段，各国政府扩大高等教育供给时，涉及最大利益相关者——学生。财政政策主要有两项：一是将部分高等教育成本转向高等教育的需求者，即成本分担及补偿；二是成本分担下的学生资助。高等教育属于准公共产品，其产出主要包括人才培养的数量和质量，科研成果的数量和质量，社会服务等，这些产出给个人和社会同时带来直接（货币）和间接（非货币）收益。研究表明，教育的私人收益要高于社会收益。根据成本分担理论，高等教育的个人补偿和成本分担体现了"谁受益谁负担"的市场经济原则，而且在缓解政府财政压力的同时，还能够促进教育机会均等，具有社会公平性效果，无偿教育并不意味着公平。实施成本分担时需要坚持的原则，一是利益获得，二是支付能力，而支付能力则取决于国家财力分配结构取向，即政府与个人之间分配政策的集中与分散程度。

随着高等教育平均成本和入学率的增长，政府的财政压力不断增长，各国高等教育成本逐渐呈现向私人部门，尤其是学生及其家庭转移的趋势。学费实质上已成为各国高校收入的主要来源之一。各国制定学费标准的主要参考指标是生均成本、人均 GDP 或平均收入。我国在经历了相当一段时期的学费水平冻结不变之后，在 2015 年国务院印发的《统筹推进世界一流大学和一流学科建设总体方案》中明确了要"按照平稳有序、逐步推进的原则，合理调整高校学费标准，进一步健全成本分担机制"。

同时，我们应该充分意识到收费也会对机会公平产生负面的影响，但是也没有更好的政策选项，解决家庭经济困难学生的经济负担，主要还是要依靠精准的奖学金和助学金政策，这也是各国通行的做法。对高校学生及其家庭的公共财政资助，国际上通常称为"政府间接拨款"，这种资源方式主要有两大类：一类是无偿资助，主要形式是对低收入家庭学生及其家庭的助学金和对高能力学生的奖学金；另一类是有偿资助，主要形式是学生贷款。

我国学生资助制度体系建设日趋健全，一是学生资助项目多，在国家层面不仅有助学金还有奖学金，不仅有励志奖学金还有学业奖学金，不仅有学费贷款还有学费补偿和贷款代偿。加上地方和高校设立的项目，不仅可以解决学费，还可以解决学生的基本生活费问题。二是政策覆盖范围广，从入学新生到高年级在校生，再到毕业生，从专科生到本科生，再到研究生，覆盖面非常广。三是财政投入力度大，用于资助大学生的经费占学生资助总额近一半，其中有一半来源于财政。

我们需要继续完善我国国家助学贷款运行机制，加大对普通高校贫困家庭学生资助力度，进一步促进高等教育入学机会公平。一是利用金融手段完善我国普通高校资助政策体系，改革国家助学贷款资金运作主体，拓宽资金来源，可以由政策性银行，如国家开发银行取代商业银行作为国家助学贷款的经办银行，同时可以通过募集社会捐赠、发行教育投资基金等方式多渠道筹集资金，并吸引保险机构参与，分担违约风险，免除高校的担保责任。二是加强对大学生的诚信教育和相应的机制建设。三是完善个人信用体系建设，充分发挥个人信用信息数据库的作用，通过制度的约束提高贷款人失信的成本。四是切实减轻助学贷款的负担和压力，可以采用国际通行的政策延长还款期，并实行优惠利率，减轻学生经济压力。

五、民办高校及政府财政支持

2020 年，我国高等教育的毛入学率已经达到 54.4%，反观西方发达国家所走过的高等教育大众化及普及化的发展道路，没有一个国家可以单独依靠国家财政举办清一色的公立大学来完成如此规模宏大的高等教育公共产品的供给，而私立大学及民办官助的形式则被各国普遍采用。各国发展历程、经验和实践都表明了这条道路的必要性、可行性及广阔的前景。

随着知识经济时代的到来，知识已经被公认为资本，现实社会中人们日益清晰地意识到个人缴费接受高等教育的收益明显高于投入的成本，人们愿意缴纳较高的学费接受更为优质的高等教育的意愿不断增强。同时，随着社会对"知识"的重新定义，专业分工日趋细化，实用主义思潮和就业导向强化等，"生物多样性"的法则在高等教育领域充分展示，分层、分类的高等教育展现了强劲的生命力，而民办高等教育有着满足市场不同需求的天然敏感性和灵活性，与市场紧密结合的体制机制天然优势，可以较为充分地体现市场在资源配置上的重要作用。

我国民办高校发展的历史不长，规模有限，潜力和前景不小。我国民办高校在不同的发展时期，融资渠道呈现出不同的特点：举办之初，一般是投资于教育的企业或个体股东将投资主要用于学校基础建设，而学费主要用于学校的经常性开支；在形成一定规模进入持续发展阶段后，衍生出教育股份公司或教育集团直接或间接参与投资民办高校，形成了一种新的民办高等教育融资方式。民办高校资金筹措存在的主要问题有以下四个方面：一是经费渠道较为单一且不稳定，大部分的民办高校80%以上的办学经费靠学费收入，不足部分靠银行或个人贷款；二是银行贷款渠道不畅且手续费昂贵，目前主要是流动资金贷款，大多是一年的短期商业性融资，缺乏西方发达国家私立高校惯用的或我国企业界惯用的其他融资手段，如信用贷款、发行债券、发行股票、资产证券化、投资实业、融资租赁以及投资基金的设立与运作等等；三是社会捐赠制度不完善；四是如何在教育公益性与资本寻利性之间找到一个平衡支点，拓宽学校融资渠道，这将成为影响民办高校今后可持续发展的关键。

民办高校应该成为支撑和承载我国大众化乃至普及化高等教育阶段的重要力量。国家政策应支持民办教育发展，鼓励社会力量和民间资本提供多样化教育服务。国家财政应给予民办高等教育相应的财政支持，以求以较小的财政支出规模撬动较大的高等教育规模扩张，同时也有利于促进国民经济发展的动力更多地转向依赖消费的推动力。

国外私立高校融资模式对我国民办教育的启示主要有四点。一是建立健全对民办高校扶持的法规体系，国家应对民办高校的扶持政策法律化，允许民办高校为改善办学条件而开展营利性事业，从法律上明确产权界定，建立和完善监督与评估制度，规范民办高等教育市场。二是加大政府参与民办高校资金筹措的力度，要引导公众投资民办高等教育事业，积极鼓励社会捐资办学，通过发行教育彩票筹集用于资助民办高校贫困学生的基金，对民办高校的教育性事业和其他经营活动的收入实施免税或减税，以及在财政方面给予相应的支持和补偿，撬动整体高等教育规模的进一步拓展。三是积极争取社会捐赠，运用利益驱动机制对捐赠方进行利益补偿。四是拓宽经费筹措渠道，利用其体制灵活、自主经营、高效决策等诸多优势，为企业培养各种急需人才，扩大生源，增加收入，为企业提供技术支持和决策咨询服务，将BOT（建设—经营—移交）融资模式或融资租赁等引入民办高校后勤建设中，积极开拓海外融资渠道，把国外教育资金吸引到我国民办高校中来，寻求与国外企业的联合。

六、社会服务和捐资助学

随着高等教育与经济社会发展紧密度的不断增强，促进了世界各国的高等学校纷纷走出象牙塔，更多地担起社会责任，这已成为世界各国高等教育发展和社会发展的潮流。世界各国高等教育发展的实践也表明，科学研究、社会服务、产学研合作和社会捐赠逐步成为高等学校筹措经费的重要渠道之一。

科研经费收入多寡通常由高校的职能定位或科研职能的强弱决定，也与政府的制度安排有密切关系。在美国，公立高校绝大多数属于教学型，科研职能较弱，因而科研经费收入只能是经费来源的辅助渠道；而多数私立高校则属于研究型，科研职能较强，因而科研经费收入是经费来源的主渠道或主渠道之一。在日本，国立高校绝大多数属于科研教学并重型的，因而科研经费收入是经费来源的主渠道之一；而多数私立高校由于属于教学型，因而科研经费收入只是辅助渠道。这一点与美国高校正好相反。

社会服务收入，由于美国的高校率先确立了社会服务为大学的基本职能之一的办学理念，加之政府制度的相应安排，这项收入不论在公立高校还是私立高校都是经费来源的主渠道之一。在日本，由于国立大学是政府的附属机构，并实施国立大学特别会计制度，加之长期形成的办学理念，该项收入仅为经费来源的辅助渠道；而私立高校由于没有或很少获得政府财政拨款，必须多渠道争取办学经费，该项收入一直是经费来源的主渠道之一。

社会捐赠办学是美国独特的捐赠文化的体现，加上税收制度的积极鼓励，所以社会捐赠收入一直是私立高校经费来源的主渠道；而公立高校则因为处于主渠道地位的政府财政拨款不断减少，他们便开始与私立高校竞争社会捐赠，并使这种方式逐渐成为经费来源的主渠道之一。在日本，由于捐赠文化的相对缺失，同时政府管理国立大学方式导致了国立高校寻求捐赠的积极性不高，而私立高校因其社会声望普遍不高的因素，使得社会捐赠收入在国立和私立高校经费总收入占比小，均成为经费来源的辅助渠道。

2020 年，我国高等教育毛入学率已经达到 54.4%，可以预计高等教育的规模将会随着经济社会的发展进一步扩大，高等教育的毛入学率也将进一步攀升，由大众化向普及化发展。要确保高等教育进一步发展的经费供给，除了需要依靠政府继续支持外，各级各类高校都需要克服"等、靠、要"和传统的、封闭式办学的思维惯性，夯实服务国家战略和社会发展的观念，以服务求支持，以贡献求发展，在服务经济社会发展中进一步拓宽经费筹措的渠道，扩大社会合作，积极吸引社会捐赠，健全和完善社会支持的长效机制，多渠道汇聚资源，增强自我发展能力。同时，政府需要努力培植捐赠文化，完善鼓励捐赠的配套政策，在争取社会资源和拓展资金渠道方面取得更大的进展。

第二节　创新理财理念与体制机制

防范高校财务风险是一项复杂的系统工程。高校财务运行健康与否及其风险状况，不仅与经费的供给状况与方式密切相关，还与学校的目标定位、理财理念、相应体制机制以及政府自身的定位、管理高校的模式与方法紧密相连。

一、确立绩效导向的理财理念

理念和观念是管理的灵魂，决定了管理的思路、构架和措施。20 世纪 80 年代，新公共管理理论开始在非营利性组织的管理中引起日益广泛的重视，核心是引入竞争机制、管理重心下移、借鉴企业管理中战略管理和成本核算等方法、建立以绩效为导向的管理模式，在扩大财源和经费投入的同时，开始重视资源的有效配置和使用，讲究经费的使用效益。

（一）社会责任应主导大众化发展阶段的高等教育

我们要认清精英教育与大众化及普及化阶段的本质性差异。当高等教育步入大众化及普及化阶段之后，其目标定位已经不再是精英教育阶段单一的学术导向，而是学术和社会责任并重的双重导向，并正在从社会中的高等教育逐渐转化为社会的高等教育。作为高等教育承载者的高等学校，必须兼顾学术标准和社会各方对质量的要求，包括目前要求的支撑创新驱动发展战略和服务经济社会发展的导向，高校已不可能成为质量标准的最终决定者和评判者，还必须接受社会外部评价。在这个办学规模迅速扩张的阶段，大学正在逐渐丧失知识生产者的垄断地位，实用主义的价值取向已经不以人们的意志为转移，深刻地影响和主导着高等教育，学生成为高等教育最大的利益攸关者，人才培养的核心地位不断得到强化，不可逆转的就业导向和不可抗拒的学生"用脚投票"的力量，使得学生的培养目标从单纯获取学术知识逐步转换为更加注重培养具有历史使命感和社会责任心，富有创新精神和实践能力的各类创新型、应用型、复合型优秀人才，"操作主义"的理念在高等教育中开始风行，一个辽阔的操作能力市场已经形成。在这个时代，知识不仅变成了资本，而且成了商品。世界高等教育的发展正在经历着市场化的洗礼，社会及市场对高等教育质量评判的主体地位正在确立，高等教育封闭式"自娱自乐"地自我评价、自我陶醉、自我欣赏的时代正在成为历史，高等教育已经成为一个庞大而繁荣的竞争性行业，不仅要接受市场和社会的评价，还要接受相应的问责，具体到个体的高等学校，甚至还会感受到生存的危机。

（二）确立与市场经济和现代高等教育相适应的理财理念

高校财务工作的基本任务是为学校事业发展和战略目标的实现，积极拓展经费来源，有效配置和使用经费。为此，面对社会主义市场经济大环境的日趋成熟和高等教育进入大众化发展阶段的形势及任务的变化，高校的理财理念和思路必须与时俱进并做相应的调整和更新。其主要内容包括：一是要克服"等靠要"的政府"附属单位"的思维惯性，树立"独立法人"积极主动的市场意识和多渠道筹集资金的意识；二是要克服重会计核算、轻财务管理，重资源筹集、轻资源配置和使用效益，重货币资金管理、轻物化资产管理的事业单位财务工作传统，引入现代的经营意识和全面的理财意识；三要克服高校长期和普遍存在的只求"高大上"、缺乏成本意识的"成本最大化"倾向，树立投入产出和成本效益意识，将讲究"绩效"作为高校财务管理追求的核心目标之一；四要克服高校财务运行追求"绝对无风险"的思维定式，确立货币的时间价值意识，适度和合理举债的意识，以及强化现金流量管理、统筹规划现金流量、提高资金使用效率的意识。

（三）经费管理的绩效导向势在必行

首先，世界各发达国家发展的历程表明，随着高等教育大众化及普及化阶段的到来，高等教育的教育规模和政府财力的矛盾日趋尖锐，人们日益关心高等教育发展的规划、数量、投入、产出、绩效、产品的提供能力以及社会的贡献，以及财政经费使用的效益，因此引入绩效管理理念势在必行。其次，随着知识经济时代的到来，人力资本理论的出现，知识既成为资本，也成为商品，人们开始逐步意识到办大学是一项经济投资行为。既然是投资，讲效益、求回报就是天经地义和理所当然的。始于20世纪80年代的世界高等教育的管理变革，把竞争机制、效益观念、企业经营的理念以及顾客导向的服务意识等市场因素引入高等教育的发展中，追求绩效的管理与评价顺理成章地成为大学谋求发展的重要考量。在西方高等教育的初创期及精英教育阶段，高等学校更多的是追求学术价值，效益和经费管理在管理层面都是羞于启齿的，这种理念和倾向深植于高等学校的文化基因内，今天还继续影响着高等教育的实践。为此，我们必须充分认识到，大众化和普及化阶段的高等教育及大学管理，接受、运用和借鉴绩效管理、竞争机制、市场机制等理念，引入和借鉴企业管理的相应理念与方式的艰巨性，为此，更加需要我们理直气壮地讲绩效、抓管理。从投资理论看，没有效益的投资就是最大的风险。

（四）绩效评价要防止办学目标和路径措施的混淆

绩效评价的内涵包括效率、效果和经济三个维度，即所谓的"3E"，现在也有的再加上环境和公平两个维度的，称为"5E"。就效果而言，高等教育办出特色争创一流的终极目标是立德树人，提高质量，促进公平，对接需求、服务社会，或者说是出一流人才和一流成果，支撑创新驱动发展战略，服务经济社会发展。为此，评价的内容应主要针对终极目标的实现度，绝不能因为终极目标相对比较难以评价，而过度地以重点学科、基地、人才计划、项目、奖项等支撑性、措施性和手段性目标的实现度来替代。要特别注意避免本末倒置，将支撑性、措施性和手段性目标视为主要目标，要像区分目的地和路径的差异那样，区分终极目标与支撑性、措施性和手段性目标的差异。同时，评价要避免目标任务过度的复杂化、标准化和指标化。人民群众对高等教育的满意或不满意，主要取决于高校在办学宏观及终极目标上的真正作为，并不太在意每个高校拥有的重点学科、基地、人才计划等指标性状况。要完善评价机制，多倚重教育"产品"的直接"消费者"（即用人单位）和非利益相关者的第三方评估，提高科学性和公信度。要科学、慎重地引用各类排行榜，各种名目繁多的大学排行榜虽有一定的参考价值，看似简单明了，但各种排行榜的视角既有不同，也有局限，引用不当，容易产生误读和误导。

（五）经费使用流向需要进一步向内涵建设倾斜

政府和高校都要审慎评估、平衡、谋划在人才培养、科学研究、社会服务等方面的资源配置政策、经济政策和收入分配政策，妥善把握好核心任务和其他功能、内涵和外延、大师和大楼、办学质量和办学条件等关系，使经费更多地流向办出特色、核心任务、内涵建设、队伍建设和办学质量的提高上。人力资源是学校的第一资源，当前高校预算安排亟须向收入分配制度改革倾斜，国家和学校给高校教师的收入应处于社会中上等水平。如果教师的兴奋点和主要精力不能集中在人才培养上，立德树人和提高教学质量的大目标是难以实现的。那种让教师分出本应投身教书育人的精力去创收的政策，实际是因小失大，需要进行总结和反思。高校教师应该实行年薪制，高校内部"干与不干、干多干少、干好干坏一个样"问题的解决，需要同时倚重于人事制度上"能进能出和能上能下"的改革。"计工分"式的办法和思路，不仅无助于解决所谓的"激励"问题，还会驱使人们斤斤计较，两两计算，无谓增加心理失衡，团队合作越发困难，和谐氛围更难建设。同时，高校教师"按劳分配"原则在贯彻落实中，质量是绝对不能缺位的要素。高校收入分配改革应有利于克服功利和浮躁的氛围，让广大教师能安下心来，潜心研究学问和培养人才。

（六）确立风险管理意识

面对新的形势和任务，高校的财务管理必须认识到风险和效率的关系，就如同风险和收益的关系，是一个事物的两个侧面，没有风险就很难有高收益，同样没有风险也很难有高效率。在市场经济大环境中，从事经营理财的风险是客观的，应该看到这种风险的必然性。这种风险包括：一是固有的风险，如投入高校学科建设和科学研究中的资金和资源，其产出具有不可回避的不确定性，这就是高等教育领域特有的，也是固有的风险；二是外生的风险，如我们实证研究中揭示的在高校扩招中政府基本建设投入不到位对高校财务运营带来的风险；三是内生的风险，如在扩招过程中高校不顾自身财力，盲目贪大求洋的校园硬件条件建设，由此产生巨额预算赤字带来的财务风险；四是共生的风险，如本研究所揭示高校在新校区建设中，政府、高校、银行共同作用产生的高校举债风险。

同时，我们也应看到风险是可以管理和防范控制的，"凡事预则立不预则废"，"吃不穷，穿不穷，算计不到一世穷"。我们的实证研究表明，即使在我国进入高等教育大众化初始阶段，政府基本建设投入缺失，高校出现较为普遍的债务风险的情况下，还是有不少学校因为事业发展目标任务定位适当，通过适度举债，统筹规划和有效安排资金存量，现金流量管理措施到位，财务风险就能控制在不影响学校正常运行的范围内。与此同时，学校的存量资金资源还得到了有效的使用，促进了各项事业的发展。

二、建立现代大学制度及相应的理财机制

为了将新时期高校财务管理的理念落实到实践中，我们需要重新评估和塑造与高校财务管理相关的大学制度及财务管理的体制机制，其中既涉及政府管理大学的方式，也包括大学自身的治理体系和治理能力，财务管理体制和机制，以及整个管理流程中的规划、决

策、预算、执行、控制、评价、反馈、纠错、再规划等各个环节。

（一）高等学校应成为面向社会依法自主办学的法人实体

社会需求的多样性决定了办学特色的多样性。学科是高等教育和高校发展建设的基础，当今学科的发展，使得"赢者通吃"成为不可能，高等教育要有分层分类发展的意识，不仅不同高校要有不同的发展方式，同一高校的不同学科也必须有区别地实施分类管理及发展。就高校而言，各个学校因各自发展阶段、历史文化、发展定位、所在行业和区域不同而呈现不同的差异，这些差异就是每个学校的实际。在激烈的市场竞争环境中，每所高校都应有权遵循市场的法则和办学的规律，发挥自身的能动性和创造性，从学校的实际出发，合理选择一流大学和一流学科建设路径，科学规划、统筹安排学校各项资源，积极推进，做有特色和创造性的一流工作，真正做到每所院校都有自身独特定位、服务社会发展特定领域、具有办学的独到特色，都能创造引以为荣且能得到社会承认的一流。如果目标定位过高，经费供给跟不上，成为无源之水、无本之木，财务风险就会迅速集聚，如同20世纪末21世纪初我国高等教育发展实践所显示的状况那样；如果目标定位不能扬长避短、突出特色，或者定位过低，就会在激烈的市场竞争中承受巨大的生存威胁。为此，高等学校首先必须成为面向社会依法自主办学的法人实体，有更大的目标定位及经费筹措、统筹安排的自主权。

（二）完善政府运用评价、激励和资源配置方式间接管理高校的模式

高校自主权呼唤着政府职能的转变。这些年，政府在转变政府职能的过程中，依靠评价、激励和资源配置方式管理高校已经成为一种新的模式，取得了一定成效。但是也呈现出一些问题，例如教育主管部门内部，按职能各把一个关口，掌握部分资源，分别对学校实施评价激励和资源配置导向。这种导向往往不是直接针对办学终极目标，而是针对与职能部门相关的各项工作任务，其中大部分指向办学的条件、基础、工作计划以及指标性的成果。这种导向虽然也有推进高校发展的一面，却使高校逐步淡化乃至迷失了办学终极目标的追求。巨大的资源配置利益，使高校管理层不得不以这些评价的"指挥棒"为工作目标和中心。在强大而现实的资源配置的利益导向下，高校面向社会依法自主办学的自主权很难落到实处，政府职能的转变也只是停留在口头上。更为严重的是这些指向清晰划一的"指挥棒"，还导致了高校办学同质化的价值取向，形成了高校要办出特色很难逾越的利益屏障。因此，政府需要完善评价、激励和资源配置的间接管理方式，转变不断设计各种大大小小的"指挥棒"、让高校疲于奔命地围着政府做这做那的管理思维定式，要慎重用好评价、激励和资源配置导向，让高校静下心来，独立自主地按照国家办学的总体目标任务和市场需求，遵循高等教育发展规律，用好办学的经费和资源，做有创造性和独到性的

工作。

（三）完善高校内部治理体系和提升治理能力建设是当务之急

政府简政放权和高校依法自主办学是同一问题的两个侧面。两个侧面必须双轮同时改革和驱动，否则就难以走出"一管就死，一放就乱"的困境。反思我们过往的实践，思路和理念上：重视自上而下的推动有余，重视学校治理体系和治理能力建设不足；重视发展的外力驱动，对内生动力的建设和构造用心不够。内因和外因，治本和治标的关系需要重新审视和拿捏。在中国这么一个幅员辽阔、人力资源需求市场如此复杂的国度，单纯依靠政府的推动和管理是无法满足社会和市场的需求的，必须把着力的基点放在高校自身的治理结构和治理能力的建设上，让高校真正成为遵循党的教育方针和国家宏观规划及法律法规、充满活力、适应市场需求的独立办学实体。我们应该充分意识到，加强高校领导班子建设，督促高校内部治理体系构建和依法治校理念确立，提高学校自身的治理能力，既能让政府摆脱越俎代庖的管理负担，也能防止"一放就乱"的局面，还能收到事半功倍的成效。

（四）建立和完善中国特色现代大学制度建设

社会参与治理的办学模式是大学从"近代"向"现代"转型的标志。现代大学制度的核心特征就是大学治理结构向社会开放。根据利益相关者理论，学生、家长、投资人、政府、高校、社会和市场都是高等教育的利益相关者，现代大学制度需要建立一个社会参与、多元平衡的治理结构，高校的治理权不是完全交给政府、学校、市场中的任何一方。在我国的高等院校中，这种平衡机制的实现形式可以是理事会，理事会的成员应该由社会、政府、学校、学生等利益相关者的代表参加，理事会的职能是对学校改革发展重大事项的咨询、协商、审议和监督。需要特别强调的是，我国公立大学理事会要发挥实质性作用就必须有政府代表参与，这应该成为政府职能和角色转换中，切实倾听市场和社会呼声、履行举办者和主要投资者及出资人职责、加强对高校总体改革发展指导和监督的重要形式。党委领导下的校长负责制是中国特色现代大学制度的核心，要坚持涉及重大经费决策事项的集体决策制度。大学章程是高校治理体系中制度建设的统领。学术力量是高校办学的主要力量，必须坚持学术组织对涉及学科建设、人才培养等投入的知情权、参与权。民主管理和监督是内部治理体系中的重要组成部分，要坚持高校财务在学校内部公开和透明。要按照人权、财权与事责对等的原则，推进高校内部的管理重心下移，加大学院和基层组织对事责范围内经费的统筹权，建立和完善相应的决策制度及监督制度。

（五）创新和完善高校内部的财务管理体制机制

自改革开放以来，高校内部财务管理体制始终是热门的研究课题，有许多的实践探索，概括起来包括"统一领导、集中管理"和"统一领导、分级管理"两种模式。在"统一领导、分级管理"模式下，还包括"统一领导、一级预算、集中核算、分级管理"，"统一领导、一级预算、两级核算、分级管理"和"统一领导、两级预算、两级核算、分级管理"等三种类型。具体实施过程中，同一表述在不同的高校也有不同的解释，其实质还是集权与分权的把握和拿捏。

根据现代管理理论和发达国家高等院校财务管理的实践，我们可以归纳出符合现代大学管理的高校内部财务管理体制的四个方面的基本原则。一是高校内部的经费安排和使用权（或者说资金流向的决策权和具体的使用权）应该与相应的事责（即工作职责）一致，要逐步从条线职能管理为主转变到以院系为主的扁平化管理模式，将管理重心下移，提高决策的效率，提升决策的有效性、针对性和准确性。校内的一级预算法人实体，二级预算部门和学院，以及三级预算机构都应该有与其承担的事责相适应的资金流向的决策权和具体的使用权。这应该是校内预算单位可以向校部据理力争的最大"财权"，关系到能否确保在有限的经费投入内完成自身事业发展及任务的财力保障。二是高校内部的财力应该集中，或者说原则上一校只能有一个银行账号，任何校内预算单位都无权动用或者挪用预算执行中滞留、暂存或者富裕的资金，这既有助于高校法人对学校货币资金的统一管理，提高统筹安排和调度货币资金的效率，还保障了专款专用原则的贯彻落实和学校预算的严肃性。三是会计核算的集中统一，这里的"集中统一"主要是指实行统一的会计核算制度，这是保证会计信息质量的前提。高校管理实践中所谓的"分级核算"，其实质是为了方便广大师生员工而实行的会计委派制，分级报销，分级汇总，这种操作方式不可能免除或降低高校法人承担的财务监督和会计信息合法、合规、真实、准确的责任，也不应该影响会计核算的统一性、严肃性和会计信息的质量，更不应该给审核报销中执行财会制度和财经纪律留下随意解释的自由裁量权。四是高校内部执行的财经政策、法规、纪律必须是集中统一的。在强调依法治国的当今社会，财务监管需要进一步加强，校规必须符合国法，校内二、三级单位也必须遵守校规，绝不能以下放财权为名，放松和削弱财务监管，违法违规。

要建立开放、透明、高效的理财机制，其内涵包括：一是要建设集体领导、民主管理、群众监督的公开透明的理财机制，保障财务信息的合理公开，这既是有效的防腐剂，也是有效的增效剂，可以促进经费的合理流向和有效使用；二是建立和完善内控制度建设，这是防范高校财务风险的基本保障，包括相关管理职责的分别设置，做到相互制约，完善授权审批制度，健全和完善会计系统，加强财产保护，规范财务报告制度，进一步强化预算管理、业务及财务活动分析、绩效评价和内部审计；三是健全与理财相关的预算管理、资金管理、成本管理、财务分析、国资管理、工资管理、财会业务处理等职能的机构设置和人员配置，加强人员的培训。

市场机制可以促进服务经济社会发展理念的确立和大学自律，但我们也要防范市场机制的负面效应，如利益诱惑、精神价值追求弱化、唯利是图、平庸、狭隘等消极思潮的影响。特别是对基础学科及基础研究，需要遵循规律、网开一面，不能简单地套用市场的机制，不能简单地评价投入与产出的关系。

第三节　推进战略预算与绩效评价监督

计划、控制、评价是管理中的三项关键职能。预算是高校事业计划实施的经费保障，也是高校财务运行控制的基本参照系；绩效评价则是高校经费使用效果和效率的评判，也是经费使用状况监管的核心内容之一。因此，预算管理与绩效评价是高校财务管理的两项重要职责和关键环节，也是财务风险防范中的重要方式方法。预算管理与绩效评价，可以促进财务资源的有效使用和运营状况的健康，防范可能的财务风险，从而保障和促进学校事业的健康发展。

一、建立绩效导向的预算管理

高校应在预算管理中导入战略管理的思想。战略目标是高校中长期奋斗的目标定位，也称愿景。高校目标定位能否实现，很大程度上取决于高校所实施的相应战略是否正确。战略是实现目标的路径选择和谋划。法国学者塔威尔在他的《企业生存战略》一书中说道："对于一个组织来说，战略用于实现组织的目标，确定战略已经成为其生存的先决条件。"美国学者安东尼在他的《管理控制系统》一书中说到："不同企业之间的战略有所区别，管理控制系统必须根据特定战略的要求而量身定做。有不同的战略要求，就有不同的优先任务、不同的关键成功因素以及不同的技术、期望和行为。"另一位美国学者钱得勒在《战略与结构》一书中则进一步说道："公司战略应适应环境的变化，满足市场的需要，而公司组织结构又必须适应公司战略的变化。"

高校作为非营利性组织，其战略规划和一般的企业战略规划相比，存在目标多元化的特点，即高校的战略目标是综合的，是人才培养战略、科技发展战略、社会服务战略、人才强校战略、国际合作战略等多目标战略的组合。高校功能的多元化和学科门类的综合性，使得高校内部组织呈现出复杂化。高校的组织结构中包括战略决策系统、学术管理系统和执行管理系统。其中，尤为重要的是科学合理地规范学术权力与行政权力的划分，清晰地界定各自的分工职责。学术管理系统主要负责高校的学科建设工作，要保障学术机构的健全与完善，运行机制的规范和决策程序的科学性。执行管理系统负责高校的日常行政管理工作，包括人事、财务、后勤管理等。战略决策系统需要综合平衡各项战略目标与学校目标定位及发展愿景的关系。

现代企业理论中的代理理论，有助于我们借鉴和思考如何有效组织学校战略目标实施。代理理论阐述了企业内部组织结构及其企业成员之间的代理关系，代理产生的根本性原因就是所有权和经营权的分离。组织有组织的目标，管理者也有管理者的目标。组织目标的完成有赖于对组织每一个成员的有效管理，以保证组织按其所有者的意愿行事。如果代理人（管理者）的目标不同于委托人（所有者）就会有委托/代理问题存在，而想要解决委托/代理问题，就需要建立起组织的控制机制，即管理控制系统，其目的就是引导管理者和员工将个人目标追求融入公司的总目标之中，以确保公司目标的实现，即公司目标与管理者及员工个人目标的契合。没有这样的管理控制系统，任何组织都无法有效地贯彻它的战略。

管理控制系统、战略计划和管理控制是组织中的计划及控制职能的基本要素。其中，战略计划决定组织的目标。一个正式的战略计划确定过程，有助于协调各级各类管理人员的目标使命符合组织的长期目标，形成一个促使管理人员着眼组织长远目标考虑的机制，也有助于促进思考为执行长期战略所要做的短期工作，并为此提供相应的管理上的先进工具及方式方法，明确制订年度计划及预算保障的构思框架。管理控制则是对战略计划的一种落实保障机制。在管理控制中使用最广泛的一种控制方法就是预算控制，预算控制既是对组织战略目标实现的资金投入保障机制，也是确保投入资金在实际使用中遵循战略计划实施的监管机制。预算编制是作为计划过程的一部分开始的，预算一旦编制完成又体现为计划过程的终点，转化为资金投向的控制依据，从而将事业计划与为落实该计划而投入的经费紧密地联系在一起，这种联系就形成了预算控制，成为管理控制中的重要手段。

战略导向的预算包括战略预算、运营预算和年度财务预算。战略预算是高校发展战略在预算中的具体化，是以高校战略目标实现为基本绩效导向的预算，使高校的预算为战略服务，直接支撑战略的执行和实现，所以也是一种绩效预算。战略预算管理应该是学校战略目标分解、实施、控制和实现的过程，它通过预算的编制、执行和调整，服务于高校发展的战略目标。战略预算编制中需将战略具体化，确定实现战略的行动方案、应达到的指标值，是一种基于战略、自上而下的预算编制方法。战略预算具有前瞻性和长周期的特点，通常为跨年度的预算，其内容包括资本性预算和运营性预算。运营性预算是高校实施战略目标时在日常运营活动中的具体预算，如高校日常教学、科研、后勤保障、行政管理等方面的日常运营开支，不包括资本性的预算。年度财务预算则是根据战略预算、经营预算及年度事业计划编制而成，包括了年度资本性预算和运营性预算。

以科学严谨的态度平衡高校事业发展的目标任务和经费投入的关系是编制切实可行的预算、有效实施预算控制、防范财务风险的必要前提。高等学校中事业发展计划与预算脱节的情况普遍存在，二者往往是分别进行且互不通气。预算编制工作往往被简化为一种在以往基础上的外推和追加的过程，而预算审批则更简单，甚至不加以研究调查，凭主观判断随意增减预算，导致预算很难发挥服务战略目标实现和实现有效的经费运行的控制作用。

战略预算应该关注以最为经济有效的方式实现战略目标。学校内部应该全面推行综合预算的理念，要按照办学终极目标和上级主管部门的总体要求，分清主次，从学校实际出发，分清轻重缓急，统筹安排年度预算。要审慎评估、平衡、谋划在人才培养、科学研究、社会服务等方面的资源配置政策、经济政策和收入分配政策，妥善把握核心任务和其他功能、内涵和外延、大师和大楼、办学质量和办学条件等关系，使经费更多地流向办出特色、核心任务、内涵建设、队伍建设和办学质量的提高上。在这些年国家财政对高等教育投入有较大幅度提高的情况下，有效使用经费的任务显得更为紧迫和重要，要倡导勤俭办学的优良作风，摒弃名目繁多且华而不实的各类工程，把经费用在刀刃上。

在预算实施过程中还应注意以下三个方面。一是风险管理。在预算管理过程中，需要关注外界环境变化所带来的战略经营风险，它最终将导致产生财务风险而影响到高校的正常运营。因此，需要注意财务风险预警，在不利风险来临之前采取相应措施，应对风险。二是划分责任中心。为了有效控制预算的执行，通常先将高校内部的各部门划分为不同的责任中心，然后为每一个责任中心制定预算，即责任预算，最后对各责任中心的责任预算的执行风险进行考核评估，即经济性方面的考核，通过评价绩效，分析资金的使用效率。三是建立年度预算执行到位的保障机制，尽快扭转高校内部普遍存在的预算不平衡局面。即一方面部分项目和工程的年度支出预算完成不了，另一方面许多工作任务又得不到应有经费支持，不少资源躺在那里"打呼噜"，要提高既有经费的有效产出。

二、健全和完善财务会计信息系统

会计信息系统是高校实施预算控制和防范财务风险的重要基础。2014年颁布的新的《高等学校会计制度》已经将原有制度不适应高等学校会计核算与管理的诸多弊端进行了有效改进，比如，将以前的运行经费和基本建设经费分别报表，改变为现在的统一报表，同时进一步理顺了高校收入、支出、资产、负债、净资产的分类等，这些都有助于高校财务管理的进一步完善。

同时我们也应看到，新制度组织提供的信息，主要还是满足政府财政对高校财务管理的需要。高校还应从管理会计的视角和理念出发，进一步完善现有制度，开发和补充能够满足高校自身财务管理需要的会计信息，比如，需要设计和编制对财务风险管理和控制有着重要作用的现金流量表，需要研究对预算及资金管理有重要意义的限定性和非限定经费的界定及核算方法，需要研究设计与绩效预算管理配套的"责任中心"相适应的"责任会计"的核算对象与方法，需要研究对绩效认定及学费收取办学成本、人才培养成本、绩效成本的界定和核算的方式方法，等等。

三、引入平衡计分卡方法

平衡计分卡（BSC）是将战略目标、预算保障和绩效评价有机联结起来的一项具体操作方法。该方法已经在国外高校财务管理中得到相当的应用，逐渐成为高等院校实施战略管理和绩效评价的重要方法，如美国加州大学、华盛顿大学已有成功的实践，德国和瑞士的高校也有较为广泛的应用。

首先，平衡计分卡将学校的战略目标分解为财务、客户、内部业务流程、学习与成长等四个维度的业绩目标；各维度的关键成功因素、指标、指标值、行动方案、任务等要素；每一个关键因素可以由一个以上指标来衡量，每一个指标的实现还可以确定若干关键成功因素，进而再分解为若干二级指标；等等。然后，根据成本动因，即引起成本发生的原因，推算完成目标任务和行动方案等所需要的经费投入，由此确定预算指标总量和分解预算指标。以战略目标为导向、平衡计分卡为依托、成本动因为基础的预算编制方法，将预算制定和战略目标实现融合成一个有机的整体，有利于促进高校财务工作更好地服务于学校发展的目标定位，比传统预算编制方法更为科学、合理、有效。

平衡计分卡本质上也是一种绩效评价模型，它以组织战略目标为导向，明确了绩效衡量的指标和标准，同时又将实现战略目标的经费投入通过战略预算的编制予以了明确和保障，这就为高校战略目标实施中的投入产出绩效衡量提供了一个基本框架。

将平衡计分卡引入高校的战略预算和业绩评价系统，一是能协助高校在各种不同的战略指标之间达成平衡，以努力达到聚焦学校的整体战略目标，并能鼓励教职员工按照学校的最大利益去工作，具有聚焦学校整体战略目标的功能，是凝聚组织、增加沟通、确立学校整体战略定位及提供战略实施反馈的有效工具；二是形成一种制度化的宽框架、细项目的预算和业绩评价系统，尽可能地细化项目预算内容，以便预算的制定、执行和最终的业绩评价，同时在发生某些细化项目有结余时，允许结余资金可按宽框架进行适度调剂，避免过度刚性预算导致突击消费等弊端。

建立平衡计分卡的绩效指标应以高校的定位作为总目标，然后建立四个维度的分目标，再设计整体层面的和部门层面的核心指标，再层层分解，最后确定各指标的目标值。平衡计分卡四个维度的指标之间具有相互驱动的因果关系，要避免片面地过度强调某一方面的指标。由于高校从事的是非物质生产活动，它在人才培养、科学研究、社会服务等方面的效益有时很难从数量上予以衡量和表达，特别是质量上的差异往往很难定量化的衡量，因此使用平衡计分卡对高校绩效评价时，要克服片面追求指标全盘量化的倾向，既要充分运用量化指标，又要合理采纳定性指标，以便更为系统全面地衡量和评价高校绩效。以高校战略目标为导向，平衡计分卡可从财务、客户、内部流程、学习与成长四个维度建立相应的指标框架。

首先，财务维度。该维度指标评价高校内各部门为实现目标而采取行动的财务收支状况、资金使用是否经济有效、财务风险状况及可控程度、财务业绩是否有助对办学效益的提高，即经费使用的效率和效果。高校作为非营利性事业单位，除少数经营性部门应以经济效益为标准考核外，大量的事业活动都不是以追求经济效益为主要目标的。由于高校产出的结果也是以资源的投入为基础和前提，尽管其来源的用途是消耗性的，使用的结果是非补偿性的，投入产出的关系是模糊的，但财务指标综合性强的特点还是有助于反映学校管理绩效的基本状况。因此，可以从财务的视角出发，以经济性、效率性、效果性为评价的标准，选择适当的评价指标，评判高校财务运行的实绩和效率。

财务维度可参考的绩效指标，包括：①财务实力方面，人均办学经费、办学总经费增长率、教职工人均经费增长率、财政补助收入占总收入比、非限定性收入占总收入比、人均净资产等；②筹资能力方面，自筹经费占总收入比、自筹经费增长率、校办产业上缴利润增长率、捐赠及赞助收入增长率等；③预算管理方面，年度综合财务预算准确率、年度综合财务预算支出调整率、决算收支平衡率等；④经费配置和费用支出控制方面，事业支出比率、生均事业费支出、公用经费占总支出比、发展性支出占总支出比、人员经费占总支出比等；⑤物质资源管理方面，仪器设备配套率、仪器设备使用率、校舍空置率、物质资源报废报损率等；⑥资产保值增值和财务效益方面，净资产增长率、资产保值增值率、固定资产增长率、校办企业资本保值增值率、对外投资保值增值率、闲置资金收益率等；⑦财务风险控制方面，资产负债率、负债与事业基金比、负债还本付息占年度正常经费收入比例、债务支出与非限定性总支出比、现金支付能力、速动比等。

其次，客户维度。客户包括学生、家长、用人单位、提供资金来源的单位，如科研合作单位等，评价客户满意度、客户忠诚度、市场份额等。在评价体系中引入客户方面的评价指标，是为了引导高校把以客户及市场需求为驱动的战略分解到具体的校、院、系运作体系中。在长期计划经济体制和高等教育处于精英教育发展阶段的双重影响下，我国高等教育至今很难突破固有的思维定式，对客户维度的绩效考核和评价仍然是绩效评价体系中的短板，需要引起更多关注和重视。

高校是个拥有多重顾客的组织，学生、家长、政府、用人单位等均可视为学校的顾客，不同的目标顾客对学校所提供的服务有不同的期望。客户方面的战略目标既要满足政府和用人单位对人才质量的要求，也要满足学生对教育服务的要求。只有客户对高校的教育质量感到满意，高校才能够被这个充满竞争的社会所接受。为此，学校必须同时满足这些不同目标顾客群的需求，即学校应该对学生、家长、政府、用人单位的需求予以平衡的关注。高校在顾客层面的使命为"创造顾客价值"，在此基础上可以发展出学生成就、顾客满意以及提升学校形象等方面的绩效目标。例如：①学生成就方面，可设计优秀学生的比例、考取研究生的比例、学生获奖比例和学位获得率等；②顾客满意方面，可设计学生满意度、家长满意度和用人单位满意度以及毕业生跟踪调查有效性等；③提升学校形象方面，可设计毕业生就业率、培养成功人士的数量、社会评价和媒体对学校的正面报道频率和强度，以及高校品牌知名度等。

再次，内部流程维度。高校是通过教学、科研、社会服务等活动，来创造社会价值的组织，而这些活动是通过一系列的内部功能和业务流程来提供的。在这个层面上应研究设计与学校人才培养、科学研究和社会服务等基本功能相关的关键性指标。

教学与人才培养是高校最基本的功能，也是学校资源保障的重点。由于人才培养的绩效相对来说比较难以界定和衡量，特别是人才培养成本的界定和质量的评价往往见仁见智，因此在高校管理实践中容易被搁置或回避。但是我们必须正视困难，努力探索。这方面的绩效衡量可以分别从投入、过程和产出三方面切入：①投入方面，包括生师比、专任教师比例、生均校园面积、生均教学实验及办公用房面积、生均教学仪器设备数量、生均图书资料册数、生均教学经费、生均仪器设备数量，生均图书资料费、重点学科比例、一级学科博硕士授权比例、二级学科博硕士授权比例、研究生与本专科生比例等。②过程方面，包括专业设置对市场需求的适应性、人才培养目标定位的准确性、教师人均年开课门数、教师人均年授课时数、教授人均年为本科生开课门数、教授人年均为本科生开课时数、课程体系的合理性、年开设新课程率、教学内容改革的有效性、实验实习保障率、教学质量保证与监控体系的有效性、教学事故率、教学效果满意率、考试作弊率、就业服务的签约率等。③产出方面，包括课程考试合格率、本届学生毕业率、获学位率、获双学位率、考取研究生及出国率、就业率、用人单位满意率、国家职业资格鉴定情况、各类比赛竞赛获奖率、学生辍学率、研究生人均科研成果数、优秀教学成果获奖增长率、名师率、出版教材增长率、出版教材被其他学校采用率等。

科学研究也是高校的一项重要职能，对于高水平大学来说显得尤为重要。这方面的绩效衡量可以分别从投入和产出两方面切入：①投入方面，包括重点学科比例、一级学科博硕士授权比例、二级学科博硕士授权比例、研究生与本专科生比例、国家级和省部级研究基地的数量、高职称师资比例、专职科研人员比例、教学科研双肩挑师资比例、科研平台运行投入、队伍建设投入、实验室建设投入、仪器设备投入、课题研究经费投入、科研组织和管理投入等。②产出方面，包括科研经费占总收入比、科研经费增长率、人均获资助科研课题数、人均获科研经费额、科研结题率、师均学术论文数、学术论文被引用率、文科教师人均出版著作数、理工科教师人均获发明专利数、科研成果转化和产业化率、人均科研成果获奖数、科研平台成果产出率等。

社会服务则是高校的第三大职能，这方面的绩效衡量可以分别从各类非学历人才培训人次数、各类成人学历教育人数、人才培养和科技服务产生的经济效益、科技成果转化及产业化的经济效益等方面进行衡量。

最后，学习与成长维度。高校战略管理的关键在于培养核心竞争力，而高校核心竞争力就表现在教职员工的职业素养、能力以及学习与成长能力。本维度绩效的衡量可以考虑的方面包括四个方面。①员工满意程度。员工满意程度通常涉及的因素通常包括工作环境、高校文化、工作性质、公平性等方面。员工感到满意是提高劳动生产率、反应速度和服务质量的一个必要前提，对本职工作最满意的员工同时能使组织的顾客最满意。员工满意度可从薪酬激励、工作强度、工作环境三个方面进行问卷调查。②员工的能力与素质。员工只有具备了胜任本职工作的能力，才能做好分配给自己的工作。员工能力与素质可以从知识水平、科研能力、实践能力、参与管理、效率等方面进行考核评价，包括师德状况、质量意识、言谈示范性、举止示范性等。③员工培训与发展。在知识经济下，高校之间的竞争越来越取决于人才的竞争，而培训和教育是保持和提升高校人才竞争力的重要手段。高校借助培训和教育的功能，不但能使高校成为"学习型高校"，而且也能作为一种激励手段，使高校员工在接受培训的同时，感受到学校对他们职业发展的重视，提高他们对自身价值的认识。这一评价可以从培训次数、培训经费等较易量化的角度进行考核。④薪酬激励。"增加正面奖励，减少负面惩罚"是薪酬激励的重要方式。这类指标通常主要采用定量指标予以评价。

平衡计分卡各个层面的指标不是孤立的，它们之间有着紧密的联系，各层面指标之间存在着依赖与因果关系。对因果关系的分析是平衡计分卡系统开发的基础。同时必须注意到，由于各个高校的战略目标千差万别，因此在衡量绩效指标的选择上和相应的预算投入上也应该因校而做不同的选择或赋予不同的权重，这一原则同样适用同一高校在不同历史发展时期的绩效考核侧重点及预算投入侧重点。因此，平衡计分卡只是提供了一种方法和思路，不可能存在完全统一的标准模式。高校校级层面的管理者需要运用平衡计分卡的方法将学校的发展战略规划勾勒出来，就是要找出影响需要的业绩结果的某一关键指标及对其起驱动作用或有重大影响的从属指标，从而采取相应的措施并投入必要的预算予以保障，然后通过投入与产出的比较来评价预算资源使用的绩效。

四、预算控制与绩效评价及审计

目标控制离不开执行评价，绩效评价及审计是高校战略目标实现及财务运行状况评价中最重要的方式。传统的财务审计在经济发展过程中发挥了巨大的作用，它具有监督和评价的功能，但由于其审计的内容主要局限于财务收支的合法、合规性方面，并以查错纠弊和提供鉴证性意见为目的，而对公共资金使用效果方面未予涉及。在高校资金规模日益扩大、各种融资方式不断出现和财务风险加剧的情况下，社会和高校自身日益迫切感受到需要获取和提供有关资金使用的经济性、效率性、效果性和公平性等方面的可靠信息，需要对高校利用资源所取得的实际成果进行独立评价和客观的说明，加强高校绩效审计的任务已迫在眉睫。

高校绩效评价及审计的内容主要是高校运营管理的经济性、效率性、效果性、公平性。经济性是指以最低的成本去获取资源以实现高校的目标；效率性是指最佳地利用资源以实现高校的目标；效果性是指高校战略目标的实现；公平性是对贫困学生帮困助学目标的实现。高校目标的评价指标具体分解为财务、客户、内部经营过程、学习和成长四个维度。

高校运营管理应"以全面预算管理为核心，建立规划先行、预算科学、监管到位、绩效考评、奖惩分明的运行机制"。高校需通过内部审计的事前、事中、事后审计，保证预算管理的有效作用，并协助外部审计师工作，为政府和公众提供关于高校经费使用的经济性、效率性、效果性和公平性的可靠信息。高校绩效审计的流程也应围绕预算管理的过程，如图 2-1 所示。

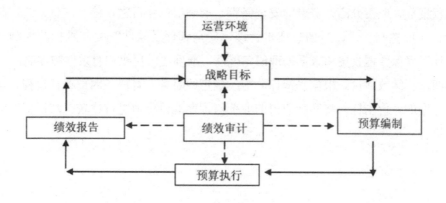

图 2-1 高校绩效审计流程图

高校预算管理循环：根据运营环境确定战略目标—编制预算—执行预算—计量报告绩效—调整战略，以保证资金的正常运行并发挥它在高校目标实现过程中的作用。具体包括内容：预算编制是以战略目标为导向，包括战略预算、经营预算、财务预算；预算执行通过计量环节，反映预算执行的进度和结果，通过整合一体的财务结算以及集中会计核算监控资金预算执行。报告绩效包括两个方面的内容：比较／分析——将预算与实际比较、追溯差异的原因和责任，并及时预警财务风险，分析其效率性；报告——将计量与比较／分析的结果以报告的形式传递给上级，以矫正差异或对财务风险采取应对措施，如调整战略目标，或调整预算。

高校绩效审计的流程以预算管理过程为核心进行审计，具体流程分为四步：

第一步：战略目标。高校是一个综合的动态系统，高校和外部主体之间的相互作用构成了一个经济系统。审计人员应该对高校组织运营所在的环境进行深入了解，为此需要获取高校教育行业环境的各种信息，把注意力集中在评价组织的战略总目标以及实现该目标的具体战略与计划的适当性方面。同时还需要识别威胁这个战略目标实现所面临的风险，以及管理层对这些风险的应对方法和措施。

第二步：预算编制。包括编制方法、编制内容的适当性、资金数额能否保证战略目标的实现的审计，即根据平衡计分卡所确定的财务、客户、内部经营过程、学习和成长的目标值和行动方案编制的预算是否适当的审计。

第三步：预算执行。审计人员需了解高校资金运营管理的内部控制的设计是否完善，然后对执行风险进行测试并获取客观证据。根据测试结果判断控制风险的高低，确定实质性测试的范围，即对财务数据的公允性进行审计，并将预算与实际数据比较，分析财务风险，追溯差异的原因和责任。

内部控制测试内容包括对高校业务流程控制（控制活动）和信息系统控制的健全性和有效性的审计。业务流程控制是指在业务层面上确保管理层的指令得以实施的政策和程序。各部门在资金筹集、资产运营、成本费用的开支等业务中是否建立和完善的内部控制：授权批准、职责分离、资产的安全保管、准确记录和日常审核。信息系统控制审计内容包括：一般控制，设计对信息技术管理、安全管理及软件开发与维护的控制；应用控制，设计以确保数据收集和数据处理的完整性、准确性、授权和有效性的控制。

第四步：绩效评价。根据平衡计分卡所确定的财务、客户、内部经营过程、学习和成长四个方面的评价指标，将实际取得的业绩与预期的目标值进行比较，然后提出财务报告和审计报告。

第三章 高校内部各项财务管理

第一节 高校会计基础工作管理

当前高校规模越来越大，资金越来越多，精细化程度越来越高，相应地，会计信息的及时和准确提供就非常关键，那如何才能保证会计信息的准确和及时呢？本章针对当前我国高校会计基础工作中关于经费报销及审核中存在的问题进行全面分析，提出了加强会计基础工作、统一报销审核标准、简化报销审批流程、规范会计业务处理、提升会计人员整体素质等措施，促使高校实现会计工作严守法律、报销简洁化、效率最大化、工作规范化的目标。

一、高校会计基础工作的现状

总的来说，当前我国高校会计核算整体水平较高，财务管理体制健全，机制灵活，校内财务规章制度及报销规定等较为全面，内部会计控制也较为规范严格，但涉及原始凭证的填制、取得、审核，记账凭证的填制，会计账簿的打印保管等较为具体的会计基础工作细节则极不理想，没有得到高校高管的高度重视。如原始凭证的取得和填制粗制滥造，导致原始凭证要素残缺不全，要么客户名称没有，要么开票人和收款人没有，要么开票日期没有；原始凭证粘贴不规范，订书针太多，导致凭证装订受影响，保存期内易腐蚀；报销单据填写潦草，内容杂乱无章，手续不齐备，导致返工较多，报销人意见较大，且会计审核费时费力，录入困难；会计人员把报销内容录入账务系统时摘要不规范，不精细，支出归类不统一，合并分录多，导致事后查询困难，支出归属科目混乱，导致统计填报麻烦；会计档案装订不及时，保管不规范，影响了会计资料的完整等。

二、离校经费报销存在的问题

在高校日常经费报销时，普遍存在以下一些情况。

（一）报销票据类型差异大

目前，符合相关法律法规和高校财务报销规定的相关票据种类繁多，差异极大，有餐费发票、住宿费发票、出租车发票、停车票、电话费发票等定额发票。这些发票面额大小不一，有1元、2元、3元、5元、10元、20元、50元、100元、200元、500元、1000元等多种面值发票，且其大小不一。既有增值税专用发票，又有非增值税发票；既有商品销售发票，又有服务业发票；还有行政事业性非税收入收据，行政事业性资金往来统一收据；有机打发票，也有手工发票；等等。这些能够通过学校财务人员审核并给予报销的票据其取得方式各异，真假难辨，有确系经办人因公付费取得的发票，也有经办人无偿找来要来的发票，更有甚者是通过不恰当的途径取得各种假发票等。

（二）报销票据填写不完整

在报销业务中经常存在报销票据要素填写不齐全、印章签盖不完整等问题。不管是在机打的报销票据上，还是在手工开具的报销票据上，更不要说在定额餐费住宿费等发票上，客户名称绝大多数没有填列，开票人、收款人要么根本没有填列，要么就只写一个潦草的姓字，很少有完整的开票人、收款人全名；另外，报销票据上应有的品名、规格、单价、数量等内容更是没有填列；更有甚者，报销票据上必须有的摘要也没有填列，而是在会计审核才填上经办人。在报销票据上我们还经常发现正规报销票据上缺少开票单位的发票专用章，还有的报销票据存在金额、摘要涂改现象。

（三）报销票据粘贴不规范

在经办人报销的票据中我们经常发现其票据粘贴极不规范，杂乱无序，各种单据混杂在一起，且大多使用易生锈易腐蚀的订书针装订报销票据。对于大小不一的报销票据，经办人经常不分大小、不分面额，不按次序，顺手粘贴在报销单据后面就到财务上办理报销手续。在会计审核时或由于审核会计的粗心大意，或由于审核会计本身的凭证装订经验不足，并没有把粘贴混乱的报销票据重新粘贴，导致装订凭证时出现小头大肚且装订极不整齐的会计档案。按照会计基础工作规范的要求，报销票据必须附件齐全、粘贴规范才行。如学校各部门报销的出租车费（包括省外的）需要填列报销单、市内交通费汇总表和明细表，并将出租车票按面值由小到大并在每张发票之间"空半厘米"粘贴在粘贴单上，并列示各面值的张数和合计金额。

（四）审批单据填写不规范

在会计现场进行报销审核时，经常发现经办人用于报销的审批单据填写较不规范。比较突出的问题就是经办人把各种报销票据混杂在一起，在审批单据"摘要栏"内只填"报销各项费用"或"报账"等字样，审批单据上"附件张数"基本没填，付款方式没有标明，经办人签名和金额大小写潦草难辨，报销票据上没有经办人的签字，涉及实物资产的，也没有验收入或证明人签字。经会计审核存在错误的审批单据在审核会计的指导下重填审批单据并完善相关手续时虽可沿用有领导审批意见的原审批单据，但在重填的审批单据上却没有注明"领导签字见附件"，也没有在原存在问题的审批单据上盖上"附件"印章，有时还出现重填的审批单据上的金额超过了原存在问题的审批单据上的金额。在会计审核审批单据时有时会发现金额大写错误或大小写不一致，审核会计为方便报销人就直接在错误处更改并加盖会计私章等不规范行为。

（五）审批单据审签不齐备

根据各高校财务报销规定，业务经办人填写要素齐备报销审批单据后，还必须根据各高校经费报销审批权限的规定逐级履行审签手续。但在日常会计审核中我们经常发现报销审批单据上相关领导审批签字并不齐备，经常是到财务部门排长时间队后会计审核时才发现还差某个领导或某个部门的审批签字，无法报销，只得再去找相关领导审批，这样做就显得费时费力。

三、高校会计审核及账务处理存在的问题

在高校会计人员日常进行报销审核和账务处理过程中，通常存在以下情况。

（一）审核标准不统一

虽然高校有明确的经费报销规定，但这些规定需要通过会计人员严格执行才能保证其规定所期望达到的效果。由于不同会计人员的理解偏差和执行偏差，导致相同的业务不同的经办人和不同的审核会计，其最终审核的标准存在差异，也即存在审核标准不统一的情况。有的审核会计执行非常严格，报销经费时票据合法手续必须齐备才给予签字报销，而有的审核会计执行较为松懈，即便是报销经费票据欠缺部分内容也可通过审核。在会计审核时会出现审核标准不统一，究其原因关键在于审核会计的整体业务素质、会计职业道德水平、会计业务处理技能高低不一，差异极大，自觉学习专业技术知识，学习新法律法规和更新知识的能力明显不足所致。

（二）审核速度差异大

由于审核会计本身的会计业务素质、审核经验、审核技巧、审核理解并不完全一致，从而出现会计业务素质高、经验丰富的审核会计审核速度快、效果好，凭证录入准确及时，而业务素质相对较差并缺乏经验的审核会计速度慢、效果差，凭证录入费力耗时。同时由于审核会计的个体差异也会导致审核速度不相同，性格急的动作麻利速度快，性格慢的动作拖延速度慢；心细认真的会计需要逐一审核，步步到位，而粗心马虎的会计则看个大概，草草了事。当然会计审核速度有时也会受经办人填列的审批单据审签情况及其所附票据的种类、粘贴等复杂情况的影响，有的审批单据填列规范、手续齐备、票据内容简单、粘贴整齐标准，会计审核起来速度就较快；如果有的审批单据填列杂乱潦草且内容复

杂，签批手续缺这少那，票据粘贴东倒西歪，会计审核时就得逐一告诉其应当补全的手续并重新帮其整理粘贴，这样审核速度就会很慢。

（三）账务处理不规范

由于高校不同会计人员素质不一致，对各项支出的理解不一样，个人观点差异大，再加上高校会计人员缺乏统一的账务处理技巧培训和费用支出归类详细标准，使得高校会计人员的账务处理相对不规范。

首先是支出归类科目不统一。如在同一所高校，其发放校外人员的课酬、讲座费、劳务费等，有的会计记入"咨询费"，有的会计记入"劳务费"等，有的会计记入"临时工工资"，有的会计记入"其他工资福利支出——其他"科目进行核算；教职工报销的加班餐费，有的会计记入"公务接待费"，有的会计记入"办公费"，有的会计记入"其他商品服务支出"，有的会计记入"其他对个人和家庭补助"科目进行核算。其次是记账凭证摘要录入不规范。会计人员经常在摘要中随意省字、加字，复杂经济业务账务处理省略化，简单经济业务账务处理复杂化等造成经济事项反映不清晰的情况时有出现。

（四）票据流转保管乱

在高校财务工作中，我们经常会发现各种票据流转无序、保管混乱的情况。经调查，高校各种报销票据的流程程序为：经办人按部门负责人的授权办理业务取得票据、经办人填列审批单据、部门负责人审批签字、财务负责人审批签字、财务部门审核、会计审核并填制记账凭证、出纳付款、票据移交稽核会计复核、票据移交档案管理岗位将其与对应的记账凭证粘贴在一起、档案管理岗位装订凭证并归档保管。但在上述流程中，每一个环节需要经过不同的人员经办或审批，且时间长短不一，从而导致有些票据在某个环节被随意乱放或混合，有些票据散落难以归位，有些票据夹在其他票据后面难以查找等情况，再加上经办人、审核会计或稽核会计随时翻阅票据，使得已报销票据流转保管有些混乱，票据损坏较大，甚至有些票据遗失。

四、规范高校会计基础工作的解决措施

会计基础工作规范化不同于一次性的财务检查或其他专项检查，而是一项常抓不懈的工作，不能有丝毫的疏忽和大意。针对当前高校会计基础工作中存在的原始凭证要素残缺不全、粘贴不规范，报销单据填写潦草，手续不齐备，记账凭证摘要不规范，不精细，支出归类不统一等情况，高校应当通过注重会计基础规范工作，健全规章制度，加强凭证管理，规范账务处理，提升会计人员整体素质等方法不断完善财务管理，提高资金使用效益。

（一）健全规章制度，优化报销审批流程

高校应根据我国《中华人民共和国会计法》《事业单位财务规则》《事业单位会计准则》《事业单位会计制度》《高等学校财务制度》《高等学校会计制度》《行政事业单位内部控制规范（试行）》及国家和学校其他有关规定，结合学校实际报销审批审核工作情况及广大教职工的要求，在不违反相关规定和内部控制的前提下，进一步完善学校财务管理制度、固定资产采购及管理办法、资金支出报销审批办法、内部控制制度、岗位责任制度、账务处理程序规范制度、票据管理制度、稽核制度、财务分析制度、会计信息处理和报告制度等，尽量减少审批环节，扩大高校所属学院等二级单位审批权限，优化审批流程，以期到达减少中间环节、提高报账工作效率的目的。

（二）加大宣传教育，统一报销审核标准

首先，财务部门必须把学校当前正在执行的有关规章制度、报销流程、报错标准、报销要求、票据常识、真假票据鉴别方法与技巧、填单标准、填单要求与注意事项等统一归纳整理，制作标准样本，印制成册，印发成文，或长期挂在财务网络平台上，或放置于报账人员伸手可及的地方，或分发到报账人员手中，重点解决报账人员报销无标准、无参考、无样本、无查阅等"四无"现象。

其次，学校领导要高度重视，财务部门要切实做到位，大力开展财务报销知识宣传活动，定期举办财务报销知识讲座、报销知识竞赛、报销知识辩论、报销知识征文等活动，并且建议财务报销信息交流平台及时发布各种财务规定和报销要求，交流报账心得体会，安排专人实时提供报账咨询等，着力解决报账人员无头绪、无意识状态。让报账人员清楚地知道报账的各项规定、标准及要求；让报账人员清楚报销必须具备的条件，必须履行的程序；让业务经办人在办理任何一项业务时都会有意识地质疑"票据合不合法，付现还是转账，财务审核能不能通过"等问题。切实解决业务经办人思想上不重视，认识上不全面，行动上不到位的混沌状态，使业务经办人全面理解和完全遵从财务报销的各项规定、要求，从思想上认识，行动上体现"学校财务部门经管的资金不属于任何个人，其取得、使用和支付必须符合法律的规定，必须履行必要的手续"。

最后，加大报销知识培训力度，定期举办财务报账人员培训班，并提供模拟实验，进行实操培训，着力解决单据填写不规范，审批手续不完备，报销要求不清楚，票据审核不过关等严重影响报账效率的问题。通过培训，不仅能让报账人员熟知财务报销规定、报销标准、报销程序、报销要求，还能让报账人员自觉遵从并执行，更能让会计人员全面规范记账凭证的填制，统一支出归类具体科目，保证凭证填制的统一标准，支出归类的统一口径。

（三）注重归纳总结，规范会计账务处理

在日常会计报销审核和账务处理过程中，我们应当注重归纳总结，把工作中经常碰到

的疑难杂症集中起来进行归类整理，统一处理标准和审核口径，以保证会计信息的准确和及时。在各部门业务经办人报销各项经费时，会计人员对其取得或填列相关报销审批单据时应当指出具体的要求和建议以及各种明细。

（四）加强档案管理，提升会计整体水平

会计档案是高校开展经济活动结果的载体，是全面反映高校教学科研活动经济效益的全过程的唯一依据，更是反映和评价会计人员会计责任履行情况、专业能力和工作业绩的最有说服力的依据，既能为我们重现过去、评价过去教学科研活动效率效果提供依据，又为我们开创未来提供了重要的平台和参考。因此必须加强会计档案管理，从原始凭证的取得，记账凭证的填制、装订、会计账簿的登记装订、会计报表的填报及保管，每一环节每一项目都要制定科学规范的会计档案管理办法或措施，特别是对会计档案装订的标准、时间，保管的地点、人员、期限等应制定更加严格的标准并提供安全的保管环境。如装订记账凭证时必须使用专用的凭证封面封皮，按照规定的装订方法整齐装订，在封贴处加盖会计人员印章，并把封面上的有关内容逐项填写齐全，最后按由小到大的凭证序号和月份顺序装入会计档案盒，建立会计档案卷内目录后完整归档，这样才能防止原始凭证散落或遗失，才能保证会计档案的规范、整齐，才能提升会计基础工作规范化水平。

高校会计人员作为国家及学校财经法纪最忠实的执行者和守护者，作为教育资金安全最有力的保障后盾，作为高校教育资金使用支付的最后一道牢固防线，其整体素质、综合素质、职业道德素质等的高低，会计理论知识水平和账务处理技能等的高低对高校会计基础工作规范化起到至关重要的作用，因此高校应当建立健全德才兼备、任人唯贤的选人用人机制，注重培养一批高素质专业化的复合型会计人才和会计队伍。

总之，会计基础工作规范化是高校一项常抓不懈的常态化工作，贯穿于整个高校经济活动的全过程，需要通过广泛的、不同形式的、长期重复的宣传教育，取得全体师生员工的理解和支持，并自觉遵守和密切配合，才能保证会计资料的合法完整，才能保证会计信息的准确及时，才能促进高校健康可持续发展。

第二节　高校资产管理

在激烈的市场竞争和科学技术突飞猛进的知识经济大潮中，我国高校的健康发展已成为整个社会经济发展的助跑器，成为第一生产力最牢固的基石，是关系国计民生的重大战略。而健全高校财务管理体制，完善高校财务管理运行机制，提升高校财务管理水平和服务质量，是高校为社会培养高科技人才，培养第一生产力合格接班人，充分发挥其助跑器作用，实现"教育强国，科技强国"的关键。随着全球经济一体化和知识经济全球化，以及我国财政体制改革的全面深化，我国高等学校发生了天翻地覆的变化，实现了非常规的

跨越式发展，同时也面临前所未有的挑战。在资产管理方面，我国大部分高校就忽视了资产管理在高校可持续发展中的关键作用，资产管理制度残缺不全，管理手段落后，管理水平不高，资产重复购置多，闲置浪费多，资产使用效率和效益低下是当前我国大部分高校资产管理中存在的突出问题，严重阻碍了我国高校的快速健康可持续发展。因此对高校资产管理进行全面改革，健全既能适应知识经济发展需求，又能促进教学科研事业发展的高校资产管理体系、办法和措施已成当务之急。

一、当前高校资产管理存在的问题及原因分析

虽然目前我国高校实行了"统一领导，分级管理，集中核算"的财务管理体制，积极推行"重心下移，责权下放，绩效考评"的财务运行机制，但由于缺乏健全的财务管理体系，特别是缺乏完善的高校资产管理体系和有效的资产管理手段，导致高校资产管理弱化，管理手段落后，资产配置混乱，重复购置、闲置浪费现象普遍，难以实现"权责明确、行为规范、管理严格、监督到位、激励有效、服务优质"的财务工作目标，不利于学校教学科研事业的全面协调可持续发展。

随着国家招生政策的放宽和招生指标的增加，高校规模越来越大，资产越来越多，如何合理有效地配置高校资产和充分发挥资产最大效用是长期困扰高校资产管理的一个较为突出的问题。

（一）资金闲置多，成本高，缺乏健全的风险管理机制

当前，我国高校资金来源渠道少，资金量小，为及时归还迫在眉睫的大额债务和高额利息，往往储备了大量的资金，导致资金闲置多，成本高。

在国家财政投入少，高校资金来源少，招生规模越来越大的窘迫处境下，为满足教学需要，特别是为满足学生住宿、上课教室等硬件需要，高校只能想办法从国家金融机构、租赁公司、个人等渠道取得各种长短期债务资金，急剧扩展占地规模，加大房屋建筑物等基础设施建设，继而导致高校债务问题日益突出，有的高校资产负债率高达 80% 以上，利息负担极重，资金成本过高，债务压力极大。同时，高校要应付即将到期的债务，加上从申请借款到资金到账时间较长，也较为困难，高校往往留有较多的货币资金，以备不时之需，部分高校通常每月末的存款达到 5000 万元以上。这样，一方面导致高校大量资金闲置浪费，另一方面又需要高校必须支付高额的利息费用。究其原因，一是形势所迫，解决扩招学生的吃、住、用是迫在眉睫的急事、大事，不靠贷款是解决不了的；二是高校普遍存在这样一个意识，高校是事业单位，履行教育科研职能，再多的债务都有国家做后盾，国家不希望也不会让高校破产，因此债务多少不用管，但资金偿还、借入的周转链条不能断；三是高校普遍缺乏经济活动风险定期评估管理机制，缺乏健全的债务内部管理制度，未能充分有效开展项目论证，缺乏应有的风险防范意识和相应的风险管理机制。

（二）往来款项多，期限长，缺乏应有的清理催缴机制

高校往来款项科目设置较多，年末余额较大，期限较长，虽然高校每年年终决算时都进行清理结算，特别是职工借款，也下发有关的催缴通知，但缺乏有效的往来款项清理催缴机制和强硬的管理机制，通知下发后只有极少数人来财务部门处理，绝大部分款项只能长期挂账；对于无法收回的应收及垫付款项，没有及时查明原因以及分清责任，没有按规定程序报批核销，导致学校资金被长期占用，无法充分发挥其应有的效用。

（三）税务管理乱，垫付多，缺乏应有的纳税筹划机制

高校当前面临的社会环境越来越复杂，竞争越来越激烈，形势越来越严峻，高校要发展只有走向市场，迎接挑战，从而导致高校利用自身优势向社会提供各种服务，包括加大科研课题申报力度，扩展短期培训范围，提高培训质量和收费标准，召开各种研讨会议，加大高校周边房屋出租，教学场地出租和教学场地出租等各种活动，这是一个良好的现象。但是高校开展这些业务收取款项时为避免每年的财政非税票据检查都开具了相应的税务发票，涉及的相关税费在"统一领导，分级管理，集中核算"的财务管理体制和"重心下移，责权下放，绩效考评"的财务运行机制下，由学校统一垫付各项税费，然后再由学校财务部门通知责任部门归还其涉税税费。除此之外，按照惯例，高校每学期末、每年年末除正常工资外还会发放大量的课时津贴、加班补贴、劳务费、学期奖励、超课时奖励等等。因发放金额较大，从而导致个人所得税税负较高。如此就带来三个问题：一是高校统一垫付各项税费后，由于缺乏相应的垫付款催缴机制和严格的管理机制，相应的责任部门并没有及时把其涉税税费划转到学校，有的部门甚至忘了这个事项，导致学校垫缴的税费资金较多，影响了学校的资金安排；二是高校每学期末、每年年末发放的课时津贴、加班补贴、劳务费、学期奖励、超课时奖励等，不能事先进行平均，不是分散到每个月而是集中到某一个月发放，这样就会导致无法合理地降低个人所得税税负；三是高校开展的对外培训、咨询及服务业务所收取的款项，是否都必须开具税务发票缴纳各项税费，高校并没有一个完善的应对措施。由此证明高校缺乏完整的税务管理机制和纳税筹划机制。

（四）对外投资少，效益差，缺乏科学的决策管理机制

为了适应激烈的市场竞争，将科学技术转化为第一生产力，扩大高校的知名度及影响力，高校借助其教学科研优势，纷纷将资金和高新技术投放市场，组建或合建各种校办企业、公司等，但因高校资金有限，就会导致对外投资少，范围小。即便如此，由于高校缺乏投资风险防范意识、防范手段和市场经验，忽视投资方案的可行性研究，缺乏严格的授权审批制度、风险控制制度、投资管理制度、会计控制制度和责任追究制度，使其对外投资呈现出随意、无序、无效的状况，导致盲目投资，效益差甚至无效益。

（五）无形资产无意识，缺乏有效的权益保护机制

高校是为国家培育高层次人才，传授科技文化知识的高级场所，其拥有广阔的教育资源、知识资源、人才资源和有限的土地资源。由于缺乏知识产权意识和相应的无形资产分类管理制度，迄今为止，没有任何一家高校申请办理有关知识产权等无形资产的评估认定，即高校拥有多种无形资产却没有无形资产入账。如土地使用权、各种专利权、非专利技术、科研成果、学科培养优势、师资培养优势、科研人才优势和管理人才优势等绝大部分无形资产不能从反映学校经济活动状况的财务报表和资料中体现出来，重研究轻应用，重论文轻效果，没有充分发挥无形资产对提升学校核心竞争力的作用。特别是最容易确认也能够确认的土地使用权：高校取得土地使用权支付的各种费用列入了当期的支出，却没有确认无形资产——土地使用权及其入账价值。

二、强化高校资产管理的应对策略

高校资产运行的好坏及效能作用的正常发挥取决于高校平时科学严格的资产管理、维护和保养体系。因此强化资产管理措施，落实管理、使用、维护职责，着力解决重复购置、使用随意、管理混乱、资产流失严重等问题，充分发挥资产应有的作用，实现资产的保值增值是高校当前资产管理工作的重中之重。

（一）拓宽资金来源渠道，降低资金成本，建立健全风险管理机制

面对国家财政投入少，学费住宿费收入少，债务资金比重大的不利局面，要满足教学科研需要，高校就必须改变"债多不怕压，国家做后盾"的思想，采取有效措施，拓宽资金来源渠道，广开财源。

第一，加强资金管理，严格执行不相容岗位相互分离制度、对账制度和稽核制度。定期盘点库存现金，核对银行账目，杜绝坐支现金和白条抵库，严格执行"收支两条线"的规定，严格遵守库存现金限额管理，严格按《现金管理暂行条例》规定的现金使用范围使用现金，消除资金管理中的安全隐患。

第二，积极争取国家政策支持，主动与财政部门、教育主管部门和发展改革委员会等部门进行沟通，扩大高校办学自主权，大力争取财政专项资金，确保国家财政拨款稳步增长。

第三，加大学校学费住宿费清理催缴力度，充实学费清理催缴人员，利用电子信息化系统建立全校学生个人缴费台账，核准信息，加强与学校教务处、学生处、各院系的协调沟通，利用缴费情况与选课情况挂钩，与选课成绩挂钩，确保学费住宿费应收尽收，严禁拖欠，并严格实行"收支两条线"管理，及时足额上缴财政专户，积极主动申请财政及时返回，保证学校收入及时到位，满足教学科研资金需要。

第四，利用学校丰富的教育资源优势和学校良好的社会影响，努力扩大函授、夜大、短期培训、脱产等办学规模，积极开展社会有偿服务，通过社会捐赠、赞助、盘活资产、开展合作等途径，以及校友会、基金会等多种形式广泛吸收社会资金，精打细算增加学校收入，为社会提供优质的教育服务，为学校增加办学资金，更为广大社会人员解决知识残缺和文凭问题，可以说是一举三得的惠民利民的绝好举措。

第五，加强票据管理，严格按照规定程序处理票据的领用、发放、开具、收缴、核销等手续，确保票据的安全。

第六，规范收费工作，严格按照发展改革委批准的收费标准收费，收费时必须开具收费票据，且不得扩大收费范围和提高收费标准，更不得自立名目收费，严格执行"收支两条线"管理规定，不得随意截留、挪用资金，确保资金足额收取，足额上缴。

第七，进一步保持和加强与银行等金融机构的战略合作关系，积极争取信贷资金，同时通过处置或置换学校闲置校区地产，优化配置学校资源，最大限度地筹集办学资金，努力降低学校债务，减轻利息负担，降低资金成本，确保学校又快又好地发展。

第八，根据财权与事权相结合的原则，协同相关部门积极探索、建立健全与目标、责任、绩效挂钩的资源分配机制和风险评估管理以及风险预警机制，健全债务内部管理制度，防范财务风险，制定具体的措施办法，完善以内部控制为核心，以大额资金流动集体决策，常规资金支付授权审批等为重点的资金安全管理制度，实行严格的岗位职责分工，不相容职务分离，系统分析经济活动风险，确定风险点，选择风险应对策略，严格督促相关工作人员认真执行，定期提交经济活动风险评估书面报告。

（二）定期清理往来款项，降低借款余额，健全往来款项清理催缴机制

针对往来款项科目设置多、年末余额大、期限长的状况，高校应当建立健全有效的往来款项清理催缴机制和核销机制，采取有效的控制措施和强硬的管理手段，加大往来款项的清理催缴力度，努力减少往来款项科目数量和降低往来款项余额，缩短资金占用期限，提高资金使用效率。如对于高校职工借款或为职工垫付款可以按照"源头从紧，限期报销或归还，过期扣款"的措施进行控制；对于学校各部门和教职工日常零星开支一律使用学校为教职工办理的公务卡、银行贷记卡支付款项，经办人员按学校规定报销后由学校财务部门在到期前一周内归还刷卡金额；对于大金额的设备购置，规定学校一律不借支票、不事先汇款，必须验货见票后才支付款项；对于那些期限长，难以查明原因，确实无法收回或支付的应收款、垫付款、应付款等往来款项，应落实责任，按规定程序批准后核销或转销，降低往来款项余额。

（三）加强税务管理，减少纳税风险，建立健全纳税筹划机制

要解决高校当前税务管理乱，个人税负高的问题，就必须要加强税务管理，建立健全

纳税筹划机制。

首先，改变校内各部门开具税务发票所涉税费由学校统一垫付的现象，参照税务部门代开发票的处理模式，"先交税费再开发票"，凡要开具税务发票的必须先将所涉税税费全额交到学校财务账上，才给予开具税务发票，避免学校垫付相关税费后长期收不回或忘记收回的情况。

其次，深入掌握和理解各税种的征税范围和减免税优惠政策，聘请高校税务专家全面分析学校收入中哪些属于不征税收入，哪些属于减免税收入，哪些属手征税收入，在账务处理时严格遵循税法的规定，设置专门的会计科目，严格单独核算征税收入、减免税收入与非涉税收入，避免"未分别核算的，合并征税；未单独核算的，不得享受减税、免税待遇"的行为。

最后，应将学校涉税收入与其对应的税种、税率、涉税环节、应纳税额的计算、缴纳期限和相应的减免税优惠条件进行详细的分析，努力创造与税收优惠相符的条件将可能涉税的收入纳入减免税收入核算，最大限度地享受税收减税、免税政策，以达到降低税负的目的。

（四）健全对外投资管理制度和责任追究制度，选准选精投资项目，提高投资效益

高校要适应竞争激烈的市场经济，改变对外投资少、范围小、投资风险防范意识差的不良状况，就必须完善对外投资管理制度，合理设置投资管理岗位，明确相关岗位的职责权限，确保对外投资的可行性研究与评价、对外投资决策与执行、对外投资处置审批与执行不相容岗位相互分离，通过学校领导班子集体研究、专家论证和技术咨询相结合，全面开展对外投资的可行性分析论证，根据投资目标和规划，科学确定备选投资项目，拟订投资方案，由学校领导班子集体决定对外投资的项目和金额，避免盲目投资，或者贪大贪快，乱铺摊子的现象，保证投资活动在严格控制下进行。严格按国家对外投资有关规定和学校授权审批制度、风险控制制度、投资管理制度与被投资方签订投资合同或协议，明确出资时间、金额、方式、双方权利义务和违约责任等内容，合理安排资金投放结构，恰当处理资产流动性和营利性的关系，通过对外投资保持合理的资产结构，在保证高校资产适度流动性的前提下追求最大营利性。加强对外投资项目的追踪管理，重点关注投资风险，健全严密的投资资产保管制度和会计控制制度，明确保管责任，健全账簿体系，严格账簿记录，及时、全面、准确地记录对外投资的价值变动和投资收益情况。加强对外投资回收和处置控制，健全责任追究制度，对于在对外投资中出现重大决策失误、未履行集体决策程序和不按规定执行对外投资业务的部门和人员，以及无法收回到期投资的，应当建立责任追究制度，追究相应部门和人员的责任。改变高校对外投资随意、无序、无效的状况，选准选精投资项目，谨慎投资，提高投资效益。

第三节　高校财会人员管理

在激烈的市场竞争和科学技术突飞猛进的知识经济大潮中，在全球经济一体化和知识经济全球化的趋势下，我国高校的健康发展已成为整个社会经济发展的助跑器，成为第一生产力最牢固的基石，是关系到国计民生的重大战略。而健全高校财务管理体制，完善高校财务管理运行机制，提升高校财务管理水平和服务质量，是高校为社会培养高科技人才，培养第一生产力合格接班人，充分发挥其助跑器作用，实现"教育强国，科技强国"的关键。要想保证高校财务管理作用的全面发挥，必须重视和提升高校财会人员在高校经济管理工作特别是财务管理工作中的核心作用和关键因素。但目前我国部分高校忽视了财会人员在高校财务管理中的关键作用，财务方面选人用人不当，财会人员水平低下，素质较差，严重阻碍了高校财务管理水平的提升。因此，改善高校财会人员选人用人机制，健全既能适应知识经济发展需求，又能促进教学科研事业发展的高校财会人员管理机制已经势在必行。

一、当前我国高校财会人员存在的问题及原因分析

目前我国高校财会队伍中，财会人员整体素质不高，知识层次、学历结构和业务水平参差不齐。有的财会人员并未经过系统的财会专业知识的培训，甚至有的财会人员根本不懂账务，只是经过熟人介绍转行而来的人员。这些财会人员没有过硬的财务专业知识，在财经纪律观念上意识淡薄，缺乏应有的职业道德。在工作中，这些人记录混乱，账证不符，账实不符，收支凭证内容不合法，手续不健全，甚至有涂改、挖补、伪造的凭证等；工作不讲究规则、程序、手续，只凭习惯、经验办事。同时因高校经济业务相对简单，学校领导对会计基础工作不够重视，忽视了学校会计人员的业务学习和会计知识的更新换代，既不强化会计人员的政治思想教育、业务培训，也让一些根本不具备从业资格的人员混进财会队伍，思想教育业务培训也流于形式，致使部分会计人员监督意识不强，法制观念淡薄，缺乏职业风险意识，职业判断能力不高，自我管控能力较差。

二、提高人员素质，提供人才保障

会计职业的特性要求财会人员必须具备很高的道德素质和业务能力，因此高校领导应当高度要重视财务工作和会计人才，把加强财会人员培训、管理、考核、监控，提高财会队伍的整体素质作为强化高校财务管理的重要任务来抓，健全财会人员继续教育制度，倡

导财会人员终身教育观念。

（一）严格把好人员关，健全德才兼备、任人唯贤的选人用人机制

高校财会人员作为国家及学校财经法纪最忠实的执行者和守护者，作为教育资金安全最有力的保障后盾，作为高校教育资金使用支付的最后一道牢固防线，其整体素质、综合素质、职业道德素质的高低，会计理论知识水平和账务处理技能的高低对高校财务管理水平和资金安全完整等起到至关重要的作用。高校财会人员掌管着学校的"经济命脉"，是学校全面预算、资产管理和内部控制等得以严格执行的核心，是国家财经法纪和学校规章制度得以贯彻落实的关键，因此必须建立健全德才兼备、任人唯贤的选人用人机制，注重培养一批高素质专业化的复合型会计人才。

首先，把好选人关。高校应当在学校统一的人事管理制度下制定《学校财会人员选拔任用及奖惩规定》及其实施细则，通过法规的形式和规范的程序，把优秀的财会人员选拔到财务部门。选拔时，"德"是第一"才"居其次，一定要把那些政治立场坚定、道德情操高尚、会计理论全面、政策法规熟、责任意识强、服务意识浓、动手能力棒、敢于讲原则、勇于做实事的财会人员选拔到财务部门承担具体的财务管理工作。千万避免任人唯亲、任人唯听，把那些经过特殊关系进来但不懂财务会计的人员和财经纪律意识淡薄，缺乏应有的职业道德，工作不讲究规则、程序、手续，只凭习惯、经验办事的会计人员彻底清退出财务部门。

其次，把好用人关。高校在安排财会人员的工作岗位时，一定要针对个人的才能和特点将其安排到较为适合其能力发挥的岗位，尽可能做到"任人唯贤，人尽其才，才尽其用"。把那些有强烈的事业心、责任感，工作积极主动，认真细致，爱岗敬业，乐于奉献，任劳任怨，勤勉尽责，不计较个人得失，具有较强的开拓进取精神，思路宽，锐意改革，准确掌握、严格贯彻国家及学校有关各项财经法纪、政策、方针、规章及制度，并能正确、高效地处理、管理事务，廉洁奉公，办事公道，敢于负责和坚持原则的财会人员安排到关键岗位，引入竞争机制，实行优胜劣汰，一视同仁，彻底改变"只求过得去，不求过得硬"的消极怠工现象，充分发挥财会人员的积极性、主动性、维法护法性。

最后，把好轮岗关。高校财务工作一个最大特点就是虽然业务量大但重复多，如果一个人长期从事一种固定的工作，在个人利益的驱使下极易出现不顾一切地故意伪造、变造、隐匿、毁损会计资料，利用职务之便监守自盗，大肆贪污、挪用公款等违法违纪现象，因此必须实行定期轮岗。轮岗时，同样根据每个人的特长和能力以及岗位职责要求，将其轮换到适合其发挥聪明才智的岗位上，尽可能做到"任人唯贤，人尽其才，才尽其用"。

（二）加强法规道德教育，强化业务培训和指导，全面提升财会人员综合素质

社会环境千变万化，各种新情况、新问题层出不穷，要保证财会人员良好的职业道德

和熟练高超的业务处理技能，就必须定期对会计人员进行法律法规知识、职业道德观念和财务管理制度、方法和措施培训，强化业务规范和指导，及时总结、发现、分析财务工作中出现的新情况、新问题，通过书面文件把报销审核注意事项、账务处理注意事项、会计业务处理规范流程和经济业务归类标准和要求等统一制定并颁布出来，并加大宣传培训。同时，着力强调"单据比钱重要"的理念和"不属于自己的千万不能想，不该要的千万不能要"的理念。学校应当把规范、培训、考核、使用等诸环节紧密结合起来，把现代化的信息技术手段应用到财务会计工作中，确保财会人员的法规意识、道德修养和专业素质持续得到加强和提高，着力培养财会人员精益求精的态度和勇于拼搏的精神，彻底解决财会人员业务知识贫乏或专业知识老化，专业技术水平低下，以及不学法，也不守法护法的不良现象。

（三）明确职责权限，注重内控牵制，确保财会人员分工明确，团结协作

高校要保证选用财会人员时做到"任人唯贤，人尽其才，才尽其用"和财经法规纪律的全面贯彻执行，明确财会各岗各人职责权限，实行不相容职务分离，强调分工协作，强化内部稽核督查，注重内部牵制是根本。

首先，高校应当健全内部会计控制体系，明确学校领导人对会计工作的职责，明确会计机构以及会计机构负责人的职责，明确财会人员的职责，明确会计机构与其他职能机构的分工与关系，健全会计岗位责任制度，确定财会人员工作岗位的设置，各岗位的职责和工作标准，各岗位的考核奖惩办法等。

其次，高校应当注重内部牵制，强调分工协作，规范内部业务处理流程，明确业务处理标准和要求，加大内部稽核督查，实行不相容岗位和不相容职务彻底分开，保证一人完成的工作必须要有其他两个或两个以上的不同岗位的人员自动进行稽核检查。

最后，高校应当采取措施坚决维护财会人员的合法权益，保证财会人员的相对稳定，没有正当理由不随意调换财会人员。大力支持财会人员守法护法行为，避免财会人员被打击报复，并建立健全检查、考核、评价、奖罚制度，将其与岗位资格、聘任专业职务、提职、晋级、精神与物质奖励等结合起来，通过奖优惩劣，促使财会人员增强责任感，注重工作业绩，注重遵纪守法，廉洁奉公，无论遇到何种情况，都不丧失原则、不谋图私利。

（四）健全考评制度，重视激励机制，加大奖惩力度，为切实提高对账务管理水平提供制度保障

高校应结合本校实情，建立健全切实可行的财会人员工作考核机制和科学的激励机制，重视评价结果运用，加大奖惩力度。财会人员工作考核机制是对高校财会人员实际工作业绩的评价标准、评价措施和评价程序做出详细、明确规定的一种制度，是对高校财会人员既定行为的一个定性、定量的评价标准，既为高校人员管理提供指导性方向和目标，

又为评价高校财会人员业绩提供依据和标准，是高校财会人员管理的关键环节，也是工作量最大、难度最大的环节。在这个环节中，不管是学校高层管理者还是一般的师生员工都能够发现高校财会人员管理中存在的缺陷，这些缺陷都有什么样的及存在多大程度的偏差，它们是由什么原因引起的，应采取什么样的措施等。可见，该环节的工作影响着整个财会人员管理的效果，因此要进一步完善学校财会人员工作考核机制和激励机制。

1.必须明确财会人员工作考核什么

高校建立健全财会人员工作考核机制的主要目的是防止、发现或纠正财务工作中可能出现的错误和舞弊行为，以保证高校的资产安全完整，维护国家的利益。因此高校财会人员工作考核机制应该围绕高校的财会人员管理制度是否完善、健全，是否得到了积极的、严格的贯彻执行，是否有效地防止、发现、纠正了高校财会人员在财务工作中可能出现的错误和舞弊行为来进行，即考核高校财会人员管理制度的健全性、有效性。

2.必须明确由谁来考核

要保证工作考核的客观、公平、公正及权威性，必须由具有相对独立权限的机构来负责。该机构应直接由分管副校长、副书记垂直领导。例如，可以建立一个由分管副校长或副书记为主要负责人，由学校财务部门、纪委、监察审计部门、资产管理部门等部门领导为成员的"财会人员考核小组"，并赋予其独立的、专门对财会人员进行监督与考核评价的权利，以使该财会人员考核小组能正确、及时完成其使命。

3.必须明确如何考核

一是必须明确考核标准。高校财会人员考核标准的制定是高校财会人员管理制度能否有效实施的关键，又是衡量高校财会人员管理制度实施效果好坏的依据和准绳。没有切实可行的考核标准，考核就可能流于形式，考核就没有依据。因此，高校有必要投入一定的人力、物力、财力，由权威部门建立一套完整的、公认的高校财会人员考核标准，使高校财会人员考核有章可循。二是必须明确考核方法。在实际工作中，常用的考核方法有面对面的直接口头汇报、正式的书面文字汇报、直接观察、抽样检查、问卷调查、集中座谈等。三是必须深入基层，踏踏实实地了解实际情况，并制度化，实事求是，切忌只凭下属的汇报做判断，也要防止检查中走过场、搞形式，工作不踏实，走马观花，点到为止。

4.必须明确考核结果如何奖惩，即充分发挥激励机制的引导作用

高校财会人员考核工作完成以后，考核部门应形成书面的"高校财会人员考评报告"，详细说明本次考核涉及的范围、所用的方法、存在的问题及缺陷、改进措施、奖惩建议等。同时报经校长办公会、党委办公会批准后，对相关当事人给予奖励或惩罚。对严格遵守和执行高校财务管理制度的部门和人员，给予通报表扬，加薪晋级，甚至升职；对于违

反高校财务管理制度的部门和人员，给予严肃的通报批评，减薪降级，甚至撤职或辞退。只有建立科学合理的财会人员约束与激励机制，通过业绩与工薪挂钩等形式，才能使财会人员的利益与学校的长期发展相结合。

5.健全高校财会人员选人用人机制

加大财会人员管理与培训力度，提升财会人员整体素质，突出财会人员在高校经济管理工作中的核心作用，保证财会人员正确履行工作职责是建设现代化高校财务的关键所在，我们一定要把财会人员管理与培养作为高校经济管理的一项长期工作，才能确保高校会计信息的真实、合法，才能真正发挥财会人员"管家理财"的作用，为建设高水平现代化大学出谋献策，促进高校健康可持续发展。

第四章　高校财务管理创新的动因

本章内容从理念与观念、体制与机制、技术与方法、内外环境四个方面分析高校财务管理创新的动因。

第一节　高校财务管理创新理念与观念方面的动因

本节分析了高校财务管理创新理念与观念方面的动因：成本意识缺失、没有树立财务风险意识、对财务管理的地位认识不足、财务管理理念落后与财务管理意识淡薄、重核算轻管理和风险意识淡薄、缺乏全面预算观念、理财观念陈旧、财务人员创新意识不强、资产管理观念薄弱等。

一、成本意识缺失

如今高校已经成为独立的法人主体，但是在实际的发展和运作过程中，一些问题仍然存在，尤其是一些较为陈旧的传统思想和工作态度仍然普遍存在。回归到学校的财务管理当中我们可以发现，成本意识的缺失最突出地表现在节约意识方面。近年来，随着国家对于教育事业的大力支持，在高校的研究经费的投入力度上也在逐年增多，但是目前大部分高校依旧存在经费紧张的状况。追本溯源，这个问题的关键还是在于学校成本意识的缺失。在经费花费过程中，高校财务缺乏一个明确的管理方式，而且对于成本意识过于淡薄，这样导致的最直接后果就是学校在资金使用方面仍然存在乱花钱的现象。比如，在设备的采购过程中把关不够严格，急需使用的设备由于资金不足而无力购买，不急需采购的设备过量采购等，这些问题都是高校在财务管理中成本意识缺失的主要表现。

二、没有树立财务风险意识

没有树立财务风险意识，银行贷款规模过大产生负债风险，相对于快速的高校教育事业发展而言，财政性教育经费投入严重不足，使得高校不得不通过向银行借款来谋求快速发展，从而背上了沉重的债务包袱，高校建设性、发展性债务规模剧增，部分高校因过度举债而使得收支矛盾日益突出，资金调度异常紧张，赤字额不断增加，预算得不到平衡，已陷入财务困境。

虽然部分高校积极利用银行贷款改善办学条件，解决了事业发展过程中的实际困难，但普遍存在贷款的风险认识不够，贷款论证不充分，基本建设资金过度依赖银行贷款，贷款规模大大超出高校的经济承受能力，还贷责任意识不强。同时，随着国家贷款利息的调整，贷款利息支出增加了学校的财务负担，致使财务风险系数增加。

三、对财务管理的地位认识不足

大多数高校对财务管理的地位和作用认识不足，职能定位较低，受传统计划经济体制下教育管理的影响，学校财务管理部门的职能定位只局限于会计核算与记账功能，对其作为学校重要管理部门应当在学校宏观调控以及重大决策中发挥重要作用缺乏足够的认识，如在土地购置、设备购置等重大项目的立项、可行性论证等过程中鲜有财务人员参与。

四、财务管理理念落后与财务管理意识淡薄

目前，高校财务管理工作中普遍存在财务管理理念陈旧的现象，财务管理工作重核算、轻管理、少分析，缺乏责任心、缺乏理财观念、缺乏长远意识。财务管理工作不但要起到预算、核算的作用，也要起到对财务工作的监督和管理的作用。但是，很多财务管理人员只侧重对预算、核算数据的把握，缺乏对财务工作的监督，忽视对财务数据的分析和决策以及对形势的把握，很多财务管理人员错误地认为，预算、核算是财务管理人员的本职工作，只要把预算、核算工作做好就完成了任务，核算、预算工作对于财务管理人员来说固然重要，但对财务工作的监督和监管、对数据的分析和决策、对形势的总体把握更重要。一些高校的财务主管部门也比较缺乏责任心和理财观念，仍然残留计划经济时代的"等、靠、推"等懒惰思想，把学校看作是一个"大食堂"，都在里面吃"大锅饭"，跨入社会主义市场经济之后，这种惰性思维仍然存在，对待学校出现的暂时性财务困境，不去主动找办法解决，而是抱有"车到山前必有路"的想法，导致高校财务管理改革步伐迟缓。

伴随着教育体制的不断改革，各大高校都在通过不断地提高科研学术水平来提高其竞争力，因此，近几年来，教学科研研究在高校中越来越受到重视。教学科研研究的基础就是经费，但是很多高校都过分地重视学校的教学科学研究项目，从而忽略了支撑其开展的财务管理。一些高校为了增强自己院校的科研项目研究而加大对这些项目的投资，虽然在人才聚集的高校应当以学术为先，但是如果高校财务管理意识淡薄就极易忽略项目研发方面的财务经费数量，使得在盲目上项目的过程中缺乏合理的预算，没有科学的审核，甚至有些院校的决策过于草率，导致在不考虑成本和收益的情况下盲目地投资。更有甚者，在科研过程中因为某种需要，学校为了不使该研究项目中断，又在不考虑预算控制的情况下盲目增加经费，这样便导致高校财务管理的核心作用被忽视，财务管理意识其实已经不断

地模糊化，在高校师资队伍建设过程中，由于对于财务管理没有一个正确积极的认识，学校只注重对专业素养较高的人才培养和引进而忽略了财务管理部门专业人才的缺失，而这些都是由于管理意识的缺失导致的，将对整个学校的可持续发展产生影响。

五、重核算轻管理和风险意识淡薄

由于原有的财务管理模式长期存在"重核算轻管理和风险意识淡薄"的管理思想，与社会、企业之间主动对接的意识不强，同时，高校的经费来源主要包括政府财政全额拨款的预算内资金和学费收入（预算外资金）两个部分，在学校的经费中，大部分被用来满足其日常运转的需求，而被用于大的教学实训设施建设的资金则非常有限，经费总体上较为紧张。同时，由于对资金的预算管理相对滞后，严重地阻碍了学校的改革与发展，此外，由于传统集中核算的"报账型"财务管理模式主要注重核算，缺乏财务预算的理念，往往认为财务预算管理只是一种表面的形式工作，没有建立科学有效的财务预算管理及监督机制，未能将财务预算管理的责任真正地落实到位，因此容易导致其在资金的使用和财务制度的安排上无法满足高校的人才培养工作需要，尤其是在教学体系改革、实训环节和师资队伍的建设等方面，人才质量往往未能得到切实的保障，传统财务管理模式下所形成的财务管理理念在某种程度上影响了人才培养的质量。

六、缺乏全面预算观念

一方面，除了财务部门之外，高校的其他部门也没有真正地树立全面预算的观念，其他部门人员往往认为预算管理是财务部门的事，与自己无关，这就容易导致预算缺乏科学性和合理性。在统筹经费方面，从分管财务的领导到基层的办事员均缺乏自主办学的法人意识。另一方面，财务部门缺乏科学理财的观念，其理财的主动性和积极性不足，没有深入地对全校校务活动进行预测和分析，缺乏全局观念，缺乏对基于工学结合的"教、学、做一体"式的人才培养模式的深入认识，没有挖掘和设立其专项经费来源与开支计划，甚至常常因急于满足日常经费的需求而挤占教学、实训经费，并因此而影响学校人才培养工作的有效进行。上述这些问题与传统的财务管理模式中过度的"集权"观念均有着很大的关系，由于受制于传统的高校财务管理观念以及由其所引发的诸多问题，致使高校难以适应新体制的要求，急需树立财务管理的新理念，以提高高校的自我发展能力。

七、理财观念陈旧

部分高校财务管理人员素质参差不齐，缺乏先进的理财观念，思维模式仍然停留在计划经济体制时代，尚未建立起诸如资金使用价值、风险价值、机会成本、边际成本等市场经济条件下的财务管理新观念。在日常工作中重核算、轻管理，学校财务沦为学校各部门的出纳，没有很好地发挥其管理职能。

八、资产管理观念薄弱

由于高校财务管理的教育经费属无偿拨款，学校事业支出不要求进行成本核算，购置的固定资产不计提折旧，无形资产、经营性资产有偿使用的观念淡薄造成资产管理混乱，家底不清，固定资产流失现象突出。在资产配置中，学校重视找项目、要资金、购设备，而轻视资产使用的管理和考核，忽视建立完善学校资产配置的约束性机制，使得经营性资产保值增值率低，学校的投入得不到应有的补偿和回报。高校对待仪器设备等固定资产缺乏统一管理，盲目追大求新，有时造成资产重复购置。更加严重的问题是有些固定资产购置以后长期闲置不用，使得固定资产综合使用效率低下，各级学院所需的相关教学实验材料分散采购，没有统一的库存管理制度。很多学校的管理者看重学校资金，对国有资产的损失浪费视而不见，他们只注重现金的日常管理，出了一点儿差错马上查找并加以纠正，但对学校教学使用的仪器设备、科研使用的大型仪器、办公使用的家具等固定资产等管理不善，造成资产损失现象极其严重。由于学校财务账面上只反映科研固定资产的金额，而资产的品名、型号、规格和数量归学校的设备处管理，所以财务处无法知晓科研设备的购置及使用是否合理，从而造成科研设备重复购置现象频频发生。学校各部门之间缺乏沟通，科研设备的使用大家彼此之间都不了解，通常是购置一件科研设备只需要本级学院领导同意、科研处审查通过以后就可以到财务处领款进行购买，设备购置以后办理入库时再去设备处登记，这就造成此类的固定资产管理处于"都管都不管"状态。有些高校设备处科研资产验收登记入库的手续不严格，只是简单地登记入库出库，购置后的科研仪器设备等大部分由课题组保管使用，对它的监管手续不严格，在科研人员工作调动和岗位变动时没有办理资产的交接手续，造成物随人走，给学校造成不必要的损失。

第二节　高校财务管理创新体制与机制方面的动因

本节分析了高校财务管理创新体制与机制方面的动因：财务管理体制不顺畅、财务管理机制比较落后、预算管理体制不完善、科研经费管理体制不健全、财务管理体制发展缓慢、集权制与分权制均有缺陷等。

一、财务管理体制不顺畅

财务管理作为高校管理体系的重要组成部分，具有综合性、政策性、时效性强的特征。因此，财务管理的制度建设在高校管理体制中占有重要的地位，从20世纪90年代末开始，我国高校连年扩招，学生人数大幅度增加，高校规模迅速扩大，办学形式多元化、经济业务复杂化使得高校财务管理的内容呈现出多面性和复杂性特征，对财务管理的水平也提出了更高的要求。从某种意义上讲，高校财务作为国家财政的基本组成部分，是财政职能的延伸。几年来，我国财政部门陆续推出了综合预算、政府采购、集中支付以及经费使用绩效评价等改革措施，就是为了加强政府对宏观工作的调控力度，财务部门的财权集中使得高校财务管理工作上也应当做到集中管理。要做到集中管理必须先要保证财务制度的统一，保证严格执行国家制定的各项财务规则制度，没有严格的制度作保证，再好的方法也是空谈。而目前一些高校在财务开支、创收分配等方面没有统一的标准，审批权限模糊不清，在业务操作和管理上缺乏应有的控制流程，非程序化行为严重，这样各部门很难协调一致，因此导致各部门擅自提高开支标准，甚至截留、挪用公款的现象时有发生。高校财务管理应在统一领导下，适当地将财权分配，这样做有利于对高校资源的二次分配和管理，提高管理效率，更体现民主决策的重要意义。根据"谁使用谁负责"的原则，将自主创收和经费使用有机结合起来，增强各部门的责任感，不仅有利于提高各部门的理财观念，更有利于形成良好的财经工作运行机制，同时要加大经济责任考核力度，同时坚持财务公开、加强群众监督，充分利用内部审计和社会机构的专业技术，加强对权力主体的经济责任的考核力度，促进学校经济工作良性循环。

二、财务管理机制比较落后

目前，各高校多采用"集中管理与分级管理相结合"的财务管理模式，这在一定程度上反映了高校财务管理工作的进步。但是，这种管理模式也存在诸多弊端，有的高校的财务管理工作显得过于集中，过于死板。例如，现在绝大多数高校都采用零基预算管理模式，即到年底的时候，学校的财务主管部门要对下设的二级核算机构进行统一核算，把各个部门当年的结余统一收回，再根据二级核算机构的预算和学校总的资金状况制定新的财务预算。基于这一点，很多二级核算机构在即将到年终的时候，就会把自己当年即将发生的结余挥霍掉，这无疑是一种浪费，对学校总的资金管理是非常不利的。也有的高校财务管理工作偏重于分级管理，造成财务管理混乱的局面，例如，有的高校为了调动二级核算部门的积极性，把财务管理权限大量下放，这在一定程度上给了二级核算部门充分的自主权，但是也带来了很多管理上的问题，使得互相串通、挪用资金、开立私户、资金截留等现象时有发生。

三、预算管理体制不完善

预算管理是高校财务管理的重要组成部分。高校预算是高校根据其发展任务编制的年度财务收支计划，主要包括预算的编制、执行、控制、分析及调整。在实际工作中，因为预算编制时间过短或预算编制过程透明度不够等诸多原因造成了预算不准确或者覆盖面不够广泛，不能够客观、全面地反映高校财务收支状况和高校的工作重点及发展方向。目前，各高校经费分配大部分是在部门预算方案批准后，在财政拨款和非税收入这些预算收入基础上，根据部门预算方案核定的在校内各二级单位之间进行分配预算收入，学校本部在保证维持基本支出预算基础上，根据办学事业发展需要安排各部门项目支出预算，由校内二级学院统一归口管理。在部门预算实际运行过程中也会出现一些问题，一些院校虽然能够较为严格地审核校内二级单位申报的项目支出经费预算申请，但预算下达后，对预算执行过程的监管却不到位；也有一些院校未建立完善的预算指标控制体系，只是设立了二级学院账户，但并未对具体各个项目单设明细账目核算，使各预算年度不同项目内容的项目经费账目核算相互交错，无法弄清每个项目经费的使用情况，不能很好地开展项目经费使用情况的决算分析工作，也无法与以往年度的执行情况进行对比；更有部分高校未严格按照年度预算方案执行，随意调剂项目资金或改变项目经费使用途径，由于对预算管理的宣传力度不够，不能充分调动各部门理财的积极性，也不能将预算管理中的责任层层落实到位，致使收入预算编制不完整，预算的支出随意性加大。

四、科研经费管理体制不健全

大多数高校的科研处负责科研课题各方面的管理工作，从项目立项和申报到项目的结题验收与成果鉴定，对于每一项课题总是关注项目的级别和项目经费的多少，不重视科研经费的管理工作。科研经费到了之后，由于资金来源渠道复杂，不同上级机关对经费使用有着不同的规定和要求，有时同一项目从不同渠道均能获得资助经费，而经费使用情况要分不同来源渠道上报，给科研课题的财务管理工作增加了难度。高校财务处由于自身工作量大，根本没有精力弄清楚每一笔经费的详细信息，同时，由于科研项目分类以及名目繁多，造成经费难以归类管理，科研项目的分级汇总困难重重。加之高校在财务管理观念上存在一些误区，把科研经费简单地作为一种代管经费管理，只是进行正常财务收支核算。财务部门虽然开展了电算化的会计核算方式，但是和科研部门没有一个共享的信息网络查询平台，造成财务部门与科研业务管理部门在科研经费管理上相互脱节，各自为政，部门之间沟通甚少，缺乏统一、规范的科研财务管理制度，项目管理与经费管理之间出现盲点，结果造成科研经费的管理过于松散。有些课题负责人甚至认为科研经费是自己努力争取来的，并且客观上他们对财务知识不是很了解，认为给学校上缴完管理费后理所当然地可以自己任意支配，这样就出现了一些违法违纪现象；有些课题负责人任意对外划拨科研经费，不按项目申报预算内容使用经费，出现经费使用不当或超支等现象；有些科研项目申请立项后，学校受利益驱使对科研经费不按规定进行校内配套，使得原申请课题只是使用了国家资金，科研试验却草草了事。种种这些科研经费管理的不完善使得科研资金的综合使用效益无法得到充分发挥，无法取得相关的经济效益。

五、财务管理体制发展缓慢

第一，高校财务管理制度受诸多限制。在市场经济的建设浪潮中，高校开始转变观念，政府也给予高校办学一定的自主权，高校的办学主体地位正在逐步形成，但是高校发展的重要方面很多是受国家预算控制的，比如招生指标、教师职称名额、研究生招生点设立等，这种预算控制影响了高校财务管理制度的发展，高校财务管理在管理资产、运用资金、协调分配、制度执行、风险预警等方面均有待加强。

第二，高校财务职能过于简单。很多高校的财务部门仅仅发挥了核算的职能，传统的人事管理制度让会计人员监督自己的领导，这使得监督职能根本起不到作用，另外，高校会计人员的素质与企业会计相去甚远，这也影响了会计管理职能的行使，造成原本很重要的财务工作，如财经政策调研、投资项目论证、创收及分配制度的制定等，分散至各个部门，这些问题使得高校会计人员的角色过于单调，不能完全作为学校的一级财务职能部门统一管理全校的经济活动，提供的会计报表不能反映全校整体的经济活动情况，更不用说发挥总会计师在财务管理中的领导作用。

第三，高校监督控制体制不健全。由于高校规模增长过快，教职员工短缺，常常一个人身兼数职，很多院校就因此忽略了监督控制部门的建立，或者设立类似部门却不能保证其独立性，形同虚设，没有发挥监督控制体系的审查作用，造成很多高校财权分散，二级单位私设"小金库"，会计人员违反财务规定、挥霍浪费，领导贪污受贿、摆脱财务监督等现象。

六、集权制与分权制均有缺陷

目前，高校财务管理体制主要是两种：集中体制与分权体制，两者都存在不同程度的缺陷。

集中制的利弊分析。财务管理集中的体制用在高校财力不足、筹资能力有限的情况下，其优势在于能让学校集中有限的财力，统筹安排，分轻重缓急解决各项问题，可以根据学校工作的重点，确定各院系的经费分配额度，保证学校的发展不偏离既定的发展方向。但是集中制过分强调财务集权，限制了院系的积极性和创造性的发挥。在这种体制下，学校把一切对外的经济收支和财务合同都统一到学校一级财务，统得过死，管得过细，各院系缺少必要的自主权和自我完善、自我发展的能力。现阶段，高校逐渐形成了以学历教育为主、非学历教育为辅的办学形式，随着市场经济的发展，专业培训和后续教育等各种非学历教育市场的规模越来越大。随着高校的办学自主权越来越大，高校之间的竞争也越来越激烈，院系处于教学科研的第一线，直接面对学生和教育市场，更了解市场对教育的需求以及自身具备的竞争优势，更能根据外部环境的变化做出快速反应。然而在集中管理的财务体制下，院系开办培训班都要经过学校的批准，培训收入大部分要上缴学校，不仅使得院系丧失开拓教育市场的积极性，而且无法快速地对教育市场的需求做出回应，往往会丧失发展机会。分权制的利弊分析。财务管理分权制是对集中制的修正，高校在下放财务管理权力中普遍采用的是包干使用、超支不补、结余留用、自求平衡的原则，好处是较充分地照顾到了二级单位的利益，有利于调动下属部门的工作积极性；缺陷是不可避免地使高校财力分散，削弱了高校整体的财力和竞争力。在这种体制下，许多高校的一级财务机构与二级财务机构的行政隶属关系是分开的，二级财务机构在财务实践中具有双重身份，行政管理由其所在的单位负责，财务处只对其进行业务指导，这种双向领导所具有的双重身份，造成二级财务机构的工作主要受所属部门左右，弱化了一级财务机构对二级财务机构的监管作用，容易造成分级管理部门各自为政，损害学校的整体利益；同时，财权的下放导致办学经费分散到各级部门，形成"穷学校，富院系"的局面，学校一级财务财力不足，整个学校的财务资源不能统一调配，各院系经费使用只考虑本部门的利益，不利于学校的整体发展。

第三节 高校财务管理创新技术与方法方面的动因

本节分析了高校财务管理创新技术与方法方面的动因：财务核算问题、财务预算管理问题、融资与风险管理问题、投资管理与收益分配问题、资产管理问题、财务绩效管理问题、成本管理问题、财务分析问题、传统非信息化财务运作模式问题、财务管理方法与技术创新的必要性。

一、财务核算存在的问题

各财务利益主体之间信息不对称。目前高校各财务利益主体多元化，包括财务部门的所有人员、对经费具有审批权人员、处（部、学院）报账员、学校一般老师和学生。由于高校人员所扮演的财务角色的不同，他们各自对相关财务信息的获得渠道、数量、质量不同，造成信息的不对称状况。由于信息的不对称，处于信息劣势的人员对相关财务知识缺乏了解和掌握，在办理财务相关业务时，他们不能辨别原始票据的合法性，不熟悉财务流程，经费项目支出不明确等，仅凭自己感觉规范的财务资料和报销资料来办理财务手续，降低了工作的沟通效率，信息不对称状况的存在，使得高校财务主体与其他相关利益主体之间信息沟通差距难以缩小，会计核算工作效率低。

高校财务核算工作与公共财政体制改革兼容性差。近几年，财政改革方面新增了对部门预算、国库集中支付、政府收支分类等相关的会计核算内容，高校财务核算工作没有与之兼容，使得核算内容复杂，核算难度增加，管理效率降低，政府对高校财政资金普遍采用国库集中支付制度。目前，财务人员一方面要在会计系统中进行财务管理操作，另一方面又要在财政厅国库集中支付系统中进行支付申请，两边工作内容重复，在操作中容易出错，不能一次把支付令直接生成日常财务凭证，增加工作量，降低财务管理的效能；现行会计核算所提供的数据是编制下一年部门预算的基础数据，由于核算科目的设置内容及计算口径与国库集中支付制度要求不一致，编制部门在预算时，要对现行会计核算科目数据进行拆分、归类计算之后才能得到符合国库集中支付要求的部门预算管理项目数据。由此造成会计账务处理不当，财务核算管理也将受到影响。

高校信息化管理水平不高。高校财务管理不仅实现了局部网络化会计核算方式，而且多校区财务管理也逐步实现了远程的 VPN 实时控制模式，但目前信息传递的时效性差、成本较高，业务流程与管理流程之间不能紧密合作，导致财务信息的实时性、相关性、有用性受到极大影响，无法满足师生的需要。另外，财务软件功能存在不足，财务软件是高校网络财务发展的基础和前提，现行的财务软件作为开发的商业软件，具有稳定性，但缺少灵活性和针对性，不能直接生成高校决策群需要的财务信息数据，需要对财务软件导出的数据进行加工才能完成财务信息的分析和预测，降低了信息反馈的时效性，离高校财务信息化的实际需要相去甚远。

二、财务预算管理存在的问题

第一，对于预算工作不重视。对于高校的财务管理而言，预算工作应该是其中的一个重要工作，它同企业的预算有很大区别。但是，高校财务预算和企业的预算也有很多共同点，这些共同点就是为了更好地理财，更好地分配资源从而最终有计划地完成目标，同时实现利益最大化。但是一些高校却认为预算工作是企业用来更好盈利的工具，而高校属于事业单位，搞好教学科研工作就好，从而缺乏对预算工作的重视，这样做的最终结果就是导致财务预算工作没有在一个科学合理的环境下进行，从而导致后续的财务管理工作没有依据而混乱地进行。

第二，预算管理工作不全面。一般来说，高校作为一级预算主体，预算的编制工作都由财务部门独立完成，但财务人员对预算编制客体的了解并不充分，大多数是由于对数据的掌握不够完全，即根据上年预算基数和当年发展的需要确定当年预算，没有结合高校发展的实际，脱离了发展，没有用发展的眼光看待事物的发展，必然会导致预算工作缺乏预见性，这样便直接导致预算工作没有体现自身的预见性。这种由财务部门独立编制的预算并没有反映出整个学校的财务收支全貌，也无法体现出学校的工作重点和发展方向，因此使得高校财务预算的全面性大打折扣。

第三，经费分配缺乏预算管理理念，预算形同虚设。预算是财务工作的指挥棒，高校各项经费收支应按部门预算来执行，但在实际工作中，由于预算编制时间过短、预算编制过程透明度不高等原因造成了预算执行力很差。在资金使用上，有些校领导未按预算安排使用资金，而是随意"开口子"、批条子，造成预算变更频繁，预算执行刚性不强；还有些业务主管领导缺乏全校"一盘棋"观念，从自己分管部门或事务出发，不按部门预算使用经费，随意批经费，或者对于补助标准、提成方案等完全从本部门的情况考虑，很少顾及校内其他部门，这样就容易造成互相攀比的现象，挫伤一些部门和职工的积极性，同时也使部门预算丧失约束力。

第四，缺乏科学、合理的全面预算编制方法。对于目前大部分高校而言，虽然它们也深知全面预算管理对高校发展的重要作用，但是在实际实施过程中却存在一个致命的问题，就是缺乏科学、合理的全面预算编制方法。方法对任何一件事物的作用都是非常大的，只有在正确方法的指导下方能进行具体项目的实施，对于现代高校全面预算而言亦是如此，缺少一整套全面预算编制的方法，对于高校全面预算管理体系的构建也是无稽之谈。此外，部分财务人员预算意识淡薄，预算编制缺乏前瞻性、科学性，同时还存在测算不够精细等方面的问题。

第五，执行预算管理过程中缺乏有效的考核和激励措施。目前，一些高校对员工进行奖惩主要可以通过两种方式进行：以考核结果来对奖惩加以执行；对高校相关责任人进行考核。

第六，预算与高校的实践脱节，缺乏必要的客观性。目前，有很多高校以历史指标值和过去的活动为主要基础，来对未来的预算指标值加以确定。在这个过程中，高校并未对其未来活动做出科学评估，因此，通过一定方法计算出来的高校预算指标值可信度低，很难成为评价或考核员工的有效标准。

第七，财务管理评价体系和评价标准缺失。在新会计制度实施之前，高校的财务管理工作仅限于财政拨款的收付实现，根本没有建立评价指标体系，国家大力发展高等教育后，高校的规模和资源结构出现了重大改变，其财务管理涉及的经济行为更广，财务风险明显增大，此时财务分析和财务决策的重要性凸显。然而，目前高校的普遍做法是统一核算口径，具体指标极其简单，无法体现高校的经济效果和发展速度等，评价体系和评价标准的建立更是无从谈起，毫无规则可循的高校财务管理实践自然会漏洞百出。

三、融资与风险管理存在的问题

不能适应筹资渠道多元化的要求。长期以来受计划经济体制的影响，不少高校还没有较好地形成适应市场经济条件下高校发展的筹资机制和途径。许多高校基本上仍依靠政府与财政拨款运作，不能积极地开拓筹资渠道，坚守着"给多少钱，办多少事"的老办法。随着财政体制改革的深入，高校的生存和发展单靠财政资金的支持已成为历史，单一的资金来源不仅不能使高校及时地反映社会其他各方面对高校的要求，而且资金的短缺也不能满足高校对经费不断增长的需要，从而使得高校办学经费不足的问题与高校自身发展需求的矛盾日益激烈，这就对高校财务管理提出新的要求，高校财务管理体制中需要引入市场机制，充分利用金融市场、资本市场和社会资金办学，多渠道筹措教育经费。

筹资的方式不合理、风险意识不强。随着社会主义市场经济的快速发展，高等教育的普及程度也更高，财政体制的改革更是把高校推向了市场，高校过去依靠政府和财政拨款的运作方式已经不能适应当前的大环境。由于高校不以营利为目的，资金不能直接产生经济效益，所以高校更应当学会在市场经济条件下选择符合自身条件的筹资方式和途径。然而这正是当前大多数高校所欠缺的，筹资走向了两个极端，要么不积极开拓投资渠道，要么贷款规模过大、负担过重。教育体制的改革使得教育大众化、社会化，与此相应的，高校的筹资渠道也应当是多元化的，过去"等、靠、要"的老办法已经不能适应高校发展的需要，高校应当积极开拓筹资渠道，利用社会捐赠、校友捐款、校办企业等多种方式为高校筹措自身发展所需要的资金。另外，高校在利用贷款方面也存在很多问题，由于高校领导普遍存在投资冲动，非市场需求的投资容易产生投资失误，盲目地追求高标准、高规格，并没有进行资源的有效配置，没有确定资金的实际需求量以及需求时间，造成了资金的浪费，负债增多后超出了学校偿还能力，而且高校普遍对财务风险的认识不足，认为"贷款有国家做后盾"，还款的责任意识不强。这些问题如果不能很好地解决，必然会使高校出现财务风险，从而影响高校的声誉，并影响高校未来的发展。

传统的融资管理带来隐性风险。高校归属于非营利性组织的财务体系，在具体的财务决策的运用上有别于企业会计，非营利性组织不是靠利润动机驱使的，而高校习惯沿用非营利性组织财务决策模式，往往没有考虑资本的成本与资本结构诸类在企业中普遍使用的经典理论在实务中的运用。而在市场经济条件下，高等教育将成为社会经济发展的先导产业，成为开发人力资源、生产优秀人才、促进人力资本增值的产业，高等教育在其发展过程中要参与市场竞争，在竞争中符合市场经济的规则，需要更科学地应对筹资与管理，必须合理估算筹资成本以防范财务风险。

高校债务负担过重，贷款风险日渐显现。近年来，随着高等教育的大规模扩招以及学校自身发展需要，高校整体发展以外延扩大为主，各高校普遍开始了大规模的校舍、新校区的建设以及购置大量仪器设备，许多项目依靠大量的银行信贷资金成为大多数高校的选择。这种方式在短期内对高校建设和发展具有资金量大、容易较快实现建设目标的积极作用。但随着贷款规模的增大，贷款资金的还本付息压力也给高校的稳定发展带来了负面影响，高校信贷风险日渐显现。

高校教育经费国家财政投入不足，自筹资金有限。随着高校的规模扩大，国家财政拨款的绝对数额也在增加，但这个绝对数额的增长远远比不上高校支出的增加。高校长期以来"等、要、靠"的思想比较严重，市场经济的大力发展冲击着高等教育市场，高校开始逐步成为独立的主体，用市场经济的视野进行着改革，但是自筹资金的能力还有待进一步提高。这样，高等教育的发展需要大量的资金，国家财政支持有限，自筹能力也有限，金融机构就成为解决这个难题的友好合作伙伴。地方政府扶植，金融机构支持，高校是很多地方的重点扶持对象，也是地方建设的"面子工程"。同时高校为地方经济的发展培养了大量人才，承担了很多重点课题，解决了许多难题。高校在加速发展的过程中，很容易得到地方政府在政策资金方面的大力支持，金融机构对高校贷款发展教育的认识过于简单，以为高校一般有多年的发展历史，一定积累了丰厚的物力和财力，高校又是教书育人的地方，信用危机基本为零，它与政府关系和谐，融通资金有保障，而没有对贷款主体——高等院校的自身实力做出客观评价，造成贷款催缴的困难。

高校不结合实际，盲目攀比，造成财务风险。银行贷款是高等院校的一项负债，这项负债是有成本的，必须在一定时期内还本付息。高校是非营利性单位，又属于典型的准公共产品，它的产品是学生和一些社会服务，没有办法像企业那样通过增加产品的销售价格来偿付利息，只能通过长期的积累和勤俭节约来进行偿还，若不顾实际，就很容易入不敷出，高校在利用银行贷款进行发展时，一定要考虑自己的承受能力，切不可盲目攀比，让自己深陷财务风险，反而制约了发展的步伐。

四、投资管理与收益分配存在的问题

（一）投资管理存在的问题

投资决策不力。随着高校自主办学力度的加大以及国家和高校加大对校办产业的扶持力度，学校通过投资、出租等形式向校办产业和其他经济实体转化而形成的经营性资产大幅度增加。高校逐渐融入市场经济的大潮中，但由于缺乏市场操作的经验以及有效的预算机制和投资管理体制，许多高校在投资决策上带有很大的盲目性，投资的总体状况得不到全面反映，缺乏合理的投资论证和有效监督，一旦投资失败，将会给高校带来巨大的损失。

高校的资金链一般是滚动式的。高校迫于竞争压力不断追加投资、盲目扩张，其投资行为隐藏着巨大的市场风险，特别是在投资过程中没有深入做市场调研和可行性研究，所立项目缺乏科学的论证，项目决策缺乏严密的审批与控制制度，对项目资金保障没有充分预计风险，一旦资金链断裂，风险随时暴露，不利于高校的稳定发展。

（二）收益分配存在的问题

经费分配上"重物轻人"，有明显的功利倾向，就高校内部的资源配置而言，最令人担忧的是，高校重视物力资本投资，忽视人力资本投资，资本投资的短期行为严重；将人力资本投资的负担转嫁给院系，而集中全校之财力发展固定资产投资，这就是当代经济学人力资本理论所指出的重视物力资本投资、忽视人力资本投资现象，校长们热衷于盖楼建房，盖了教学大楼、办公大楼，还要盖研究楼、体育馆……又一窝蜂似的置地建新校区，声称要按一流大学的理念和标准来设计校舍。对教学改革与课程教材的投入、对师生的投入、对科研图书资料等的投入则严加控制，能少则少，使高校正常的教学、科研支出受到严峻挑战。各专业院系为了保障本单位的人力资本支出，保证广大职工教学科研工作的顺利进行，不得不耗费大量资源开展各种创收活动，甚至以牺牲人才培养质量为代价，不仅得不偿失，而且后果严重。高校内的投资也有明显的功利倾向，对学科建设、科研项目的支持和师资的引进与建设等重要工作唯经济效益是论，盲目迎合上级提拔干部和评估效益的标准，向银行和社会大量借贷，超标准建设校园，造成极大的浪费。在高校内部的投入分配上违反教育规律，在办学资源、科研投入得不到充足供给与保障的情况下片面追求资源的使用效率，使资源过度集中于少数强势个人和组织，不利于学校整体实力的提升。

经费分配缺乏制度保障，随意性较大。高校财务管理基本采用"统一领导、集中或分级管理"，纵然有部分高校已实施一定程度上的学院自主理财，但大多数高校的财权仍然集中在高层，而高校的教学、科研等任务的中心主要在基层，支持决策的信息也主要来自基层，因权力和责任的分离、决策和信息的不对称，使高校的资源配置决策经常因为缺乏科学依据而发生"会哭的孩子多吃奶"的现象，有学者戏称这种情况为"跑部钱进"，"谁能挤进政府认可（有时就是直接指定）的重点行列，谁就能比非重点得到更多的资源"。高校内部同样如此，在部分高校，校内经费的运作人为干预色彩浓厚，制度的制定和实施随心所欲，某些领导甚至可以随意违规批文，使得投资管理的合法性受到损害。在经济资源的配置中，学校高层的个人喜好、经验、能力和道德水准决定着配置结果，对于大学内部不同利益群体因经济资源争夺而时常发生的冲突，没有科学的协调机制，没有保障经济资源合理配置的制度和规范。

五、资产管理存在的问题

我国多数高校长期以来实行的是高度集中的财务管理模式，其中教育经费是由各级政府财政统一安排的。这种模式下的高校管理缺乏主观能动性，与此相对应，其在国有资产管理方面也存在需要完善和改进的地方，体现在国有资产管理上只注重向上争取国有资产投入，很少注重现有资产的优化配置、内部强化管理、服务社会、余缺调剂等管理观念。因此，高校出现了多头购置、重复购置、资产闲置等现象，许多国有资产无法真正地发挥出应有的效能，从而造成了不必要的资源浪费。同时，高校资产管理还存在着管理手段落后和管理机构不健全，以及多头管理等问题；许多高校的后勤部门和物资设备管理部门在国有资产管理中存在职责权限界定不清，以及责任相互推诿等问题，很多高校缺少专门统一的国有资产管理机构，有些虽然已设立国有资产管理机构，但缺乏高素质的国有资产管理人才，管理人员缺乏必要的业务知识培训和系统综合的全方位管理理念。此外，现有的资产管理手段较为落后，不少学校没有充分地运用现代化信息平台进行管理，这对资产的统计、处置、查询等造成了诸多不便，资产使用部门、财务部门和国有资产管理部门缺乏必要的协调配合，并最终导致了实物和资产清查卡之间长期严重不符。

在现行的财务管理模式制度安排中，普遍存在着资产管理制度不完善和内控制度不健全的问题，受传统管理模式的影响，有关各方对学校资产的性质及效益性认识不足，特别是对无形资产更是疏于管理，甚至将其排除在资产管理的范围之外。有的学校在国有资产管理中对自身的职能地位界定不清、定位不明，往往认为学校资产的所有权属于学校，因而学校能够随意地加以处置，从而导致部分国有资产的管理规定出现问题。有些高校虽然制定了一些形式上有效的国有资产管理制度，但在实际工作中却未能得到有效的实施，实务中仍然经常会出现在资产报废、残值回收、专利权转让、资产出让、联营等相关的经济活动中，并没有按照国家的有关资产管理程序上报主管部门审批，或者未能按国家有关规定进行资产评估，随意无偿地转移和划拨国有资产，从而造成国有资产的大量流失。

在高校的资产管理中，盲目投资和产权不明的现象还比较严重，特别是近年来，在高校后勤社会化的改革之中，由于校企双方的产权界定不明，导致校方忽视对产权收益的界定和国有资产的监管，严重地侵犯了学校的合法权益。部分高校由于对其所拥有或控制的国有资产长期未进行资产清查盘点和账实核对，或者对报废及出入库等管理不严，导致国有资产的账实严重不符；而学校的领导层对学校资产的状况心里没底，加之学校对外投资的决策程序不规范，正常的投资缺乏决策前的调查或者前期调研不足，这就容易导致投资风险急剧上升，并最终可能引发财务风险。

资产管理不规范，部分高校存在以下现象：固定资产入、销不及时，入账价值不准确，形成大量账外资产；高校固定资产所有者与使用者的分离，造成了管理混乱，形成卡、物不相符现象；仪器设备等固定资产求大、求新，重复购置资产，购入资产闲置不用，使用效率低等现象普遍存在；由于内部控制制度不健全，高校对固定资产管理不严格，不计提折旧，设备利用率低，实物资产价值缩水严重。

高校对资产的综合利用缺乏系统性。高校往往从内部各个基层的需要出发来添加购置物资设备，这些资产一经形成就会被单位或部门占有、使用，很难做到资产在全校范围内的资源共享。比如，有的院系的实验用房相对空闲或都能进行对外创收，有的院系的实验用房则过于拥挤、紧张，这些空闲或紧张的实验用房又很难根据需要及时调剂。另外，资产购置缺乏有效的评估机制，有的购置报告将设备的作用写得非常详尽，可在实际应用中由于程序复杂而利用效率不高，对于一些价值高又容易淘汰的资产，高校完全可以考虑以租赁的方式来替代。

高等院校资产管理制度不健全。目前高校资产管理面临的一个非常严重的问题是多头管理，隶属关系及产权界定不清造成了资产职权划分不明，形成了"谁都管，谁都不管"的局面。在高校资产具体的使用管理上，高校资产管理又是多头分管，缺少统一的管理与协调机构，人员更换离职，不办理财产转移手续，物随人走，对于无形资产和人力资源资产，人们在思想认识上存在误区，认为资产管理就是财、物的管理，却不知无形资产和人力资源资产恰恰有着巨大的价值，尤其对于高等院校这个生产、创造和拥有无形资产、人力资源的重要基地而言更是如此。这种认识的盲点，使得高校对无形资产和人力资源资产管理欠佳，利用效率低，比如，有多年经验的教学人员离职，有的部门负责人认为只要留下财和物就没有什么问题，他们根本没意识到所消失的人力资源及其能创造的无形资产也是宝贵的财富。

六、财务绩效管理存在的问题

通常，高校的财务绩效评价体系是其财务管理模式的重要组成部分，因而，如何建立一套科学可行的财务绩效评价体系就成为重构高校财务管理模式的难题。财务管理绩效评价体系就是对高校在经济责任制与财务监督、筹集资金、资源优化与配置、财务预算控制与管理、财务制度与财务信息等方面进行评价。传统的集中管理是"报账型"财务管理模式，往往只注重会计的日常核算，却不注重会计的其他职能，如参与决策、预测、协调和评价等方面的职能，因而缺乏进行财务绩效评价的理念。近年来，随着各项改革的不断推进，高校在办学过程中的经济行为也日趋多元化，使得其财务管理所面临的局面日趋复杂，这就要求高校在重构财务管理模式时需要考量绩效评价问题，需要尽快地建立完善的财务绩效评价体系。

七、成本管理存在的问题

我国一直将高校归属于非营利性的事业单位，在现行的高校财务管理模式中，并没有明确要求对教育成本进行核算和考量，导致教育成本核算及管理长期被学校的管理当局边缘化，得不到应有的重视，也没有被纳入学校财务管理体系中去。目前，大部分的高校在财务制度安排中缺少对相关经费使用效益的考核评价制度，这在一定程度上弱化了教育成本核算体制，由于长期以来对高校投资只注重其消费性而忽视其投资性，这导致对高校经费使用效益的考核评价被淡化，政府主管部门以及学校自身对会计信息的需求仅仅停留在财务信息方面，而缺乏对衡量高校综合办学水平和办学效益的教育成本指标的需求拉动，导致高校现行的会计核算体系中教育成本核算机制被淡化。今后，随着高等教育收费制度的全面实行，对高校的教育成本进行核算既是高校提升自身办学效益和实力的客观需要，也是满足学生和社会对教育成本知情权的一项基本要求。目前，高校在进行成本核算时还存在诸多理论和实践方面的障碍，科学的成本核算体系有待建立。

众所周知，要想对教育成本进行核算，首先需要解决会计制度的核算基础问题。目前，高校无论采用哪一种财务管理模式，其会计核算都必须遵循《高等学校会计制度》。然而，我国当前的高校会计制度的核算基础不科学，这直接影响了高校成本核算的真实性。这是因为，按照中国现行高校会计制度的规定，"高校会计核算一般应采用收付实现制，只有那些经营性收支业务的核算才可以采用权责发生制"，而现行的收付实现制基础给高校教育成本核算造成了极大的障碍，因为在权责发生制下，需要根据费用发生的时间和归属确定其入账时间，并遵循收入和成本核算的配比原则，即要核算教育成本就必然涉及费用的摊销和预提问题，而收付实现制是以实际收付款项为标准来确定本期收入和费用，其所反映的是高校现实的收支情况，不存在费用摊销和预提的概念，这样势必会影响教育成本信息核算的准确性，因此，高校要进行教育成本核算，必须重点解决现行高校会计制度的核算基础问题。其次高校固定资产的折旧方法不合理，这会直接影响会计核算信息的完整性。因为按照我国现行的高校会计制度的规定，高校当年购置的固定资产直接计入当期的事业支出，而且在使用的收益年限内不计提折旧。因此，所有高校现有的会计数据都无法反映其固定资产净值和累计折旧。而建筑物、房屋、教学仪器设备、图书等固定资产在学校办学资源中占有很大的比例，是高校提高办学水平、改善办学条件的重要投入，而且其与学校的教学活动密切相关。因此，固定资产的损耗成本理应成为高校教育成本的一项重要内容。如果固定资产折旧不纳入高校的教育成本核算体系之中，这样核算出来的教育成本信息也是不完整、不客观的。

目前，高校采用的是普通高校的会计科目设置，由于其会计科目设置较为单一，弱化了高校特有的会计核算目标，不利于高校教育成本核算工作的实施，在现行的高校会计制度中，在其会计科目体系的设置方面，重点反映的是学校教育经费的收支情况，主要考虑的是政府部门预算管理的需要，而没有考虑到高校进行成本核算的需要。如现行的高校会计制度对于高校支出是按支出的性质进行分类而不是按支出的功能分类，其分类方式主要有以下两种：第一种是按照支出的内容分为基本工资、补助工资、其他工资、业务费、职工福利费、公务费、社会保障费、助学金、修缮费、设备购置费、业务招待费、其他费用等；第二种是按照支出的用途将事业支出分为教学支出、行政管理支出、科研支出、后勤支出、业务辅助支出、离退休人员保障支出、学生事务支出和其他支出八类支出。这虽然反映了一定的分类核算意识，但其分类无疑是比较粗糙的，将难以满足教育成本核算的实际需要，这给高校实行教育成本核算带来了很大困难。在此背景下，高校今后进行教育成本核算改革就必须首先对其现有的会计科目体系进行改革。

经费使用不当，形成资金营运风险。当前，高校资金紧张与浪费同在、投入不足与效率不高并存，对经费的使用计划不周，预算控制不严，支出结构不合理，直接用于教学、科研的比例较少，对资金使用效益缺乏财务分析，资金运用上存在着"重投入，轻管理；重项目，轻效益；重资金，轻物资；重购置，轻维护"的状况，造成了办学资源的隐性浪费。经费使用效率不高，浪费严重，在计划经济时代，由于高校的办学经费由政府全额提供，所以当时的财务管理模式相对简单，财务管理讲求的是资金如何分配、如何使用，要求的是收支合理、点面平衡；而对资金的使用效果、资金的使用效益、资金的科学合理流动，则持忽视的态度，受传统财务管理模式惯性的影响，很多高校财务运作方式变化不大。消费型观念还占主导地位，被动理财的管理模式也没有完全扭转，仍保留着计划经济体制下的财务运作方式，存在着"等、靠、要"的思想，"有多少钱办多少事"，缺乏理财意识，缺乏整体办学效益意识，浪费现象严重；再加上资金控制权和使用权的分离，最终导致经费的有效使用率大打折扣，继而加剧经费不足的矛盾，在高校的财务管理中出现忽视成本管理，以收付实现制代替权责发生制，以支出管理代替成本管理的现象就不足为奇了，由于高校资金使用不讲究使用效益，许多部门购置办公用品或教学设备时，不顾自己的实际需要，只买贵的、好的，根本不管买回来后是否用得着，造成资金的严重浪费，这种浪费突出表现在大学内部的资源共享程度差，重复购置现象严重，比如，大学下属单位如学院、研究所等对一些通用的图书资料、计算机、桌椅等仅限于内部使用，资产的所有者——学校根本无法调剂，以致"通用物质不通用"，一方面在闲置，另一方面又在重复购置，造成投资成倍增加，使用效率却在成倍地降低；在设备的购置上，普遍缺乏整体规划，盲目性、随意性大，许多高校在购买设备前缺乏可行性分析，购买设备后又疏于合理布局，造成极大的浪费，基于对高度集权带来效率丧失的认识，一些大学很谨慎地将部分财权下放到院系，但往往仅下放教学运转经费部分，这样做并不能使学校内部的活力被充分地激发，大学财务经常能听到来自基层的抱怨。

八、财务分析存在的问题

财务分析是指通过一系列的指标体系来完成的有关财务问题的相关分析手段，财务指标是指"以简明的形式，以数据作为语言，来传达财务信息并且说明财务活动的相关情况与结果"。长期以来，财务分析一直被认为是高校财务管理的薄弱环节，这造成了对资金运行绩效分析不够重视，不讲究效益等结果。然而，市场经济的逐步完善已经对高校财务分析提出了更高的要求，要想在市场经济中具有竞争力，不断发展并且立于不败之地，高校必须通过分析达到"知己知彼"的程度，而现存的高校财务分析体系还有不足，尚待完善。

第一，缺乏高校综合财务能力分析。"大预算"是高校新会计制度的核心，实行综合预算的制度，即教学、科研、经营等各项收支均被纳入预算范围之中，要全面反映学校的财务收支和资金活动的现状。但目前的高校财务分析片面地认为教学、科研收入差距越大越能反映学校资金充裕，或者教学、科研支出越大越能反映学校事业完成情况良好，而忽略了对有关基本建设、投资经营的分析，对高校资金使用状况分析力度不够，也是高校财务分析能力的薄弱之处。

第二，缺乏校内各部门资源配置与利用能力分析，对资产运用效率分析的缺乏是高校财务分析的通病。资产运用效率分析是指对总资产或部分资产的运用效率和周转情况所做出的分析，通过分析资产运用效率，可以评价学校收入与各项资产的关系是否合理，考察学校运用各项资产效率的高低水平，分析比较学校的历史业绩与经济前景，从而更好地做出科学的决策，优化学校的资源配置。

第三，缺乏对外投资收益能力分析。促进科技成果尽快转化为生产力，实现产业化是高校对外投资的最主要目的，也是对高等教育事业发展最有利的新筹资渠道。但是，现行的高校财务分析仅仅是对有关校办企业收益的部分分析，例如，关于校办产业投资收益率、校产上交及经营收益增长率的差别等。这种财务分析既缺乏对其他单位投资收益的分析，更无有关投资安全的分析及学校偿债能力的分析，进而无法全面而准确地反映学校投资的总体状况。

第四，缺乏社会贡献能力分析。社会贡献能力是从国家或社会的角度来衡量一个企业对国家或社会所做出的贡献水平。高校属于一个非营利性公益事业的组织部门，不能单纯、片面地追求自身的经济效益，还必须重视对社会的贡献。此外，投入与产出的社会效益也是衡量高校办学能力与其效益的一个重要指标。但是，现行的高校财务分析水平仅有反映办学经济效益的分析，如师生比、生均事业收入等，这种高校财务分析水平缺乏高校对社会的贡献能力的考察。

第五，缺乏系统的评价指标。为适应社会主义市场经济的高速发展，高校应加快自身发展的步伐，尽快融入社会发展进程。近年来，高校在扩大办学规模、增加可控资源方面都有了明显的变化，高校的经济活动内容也更为广泛，由此使得高校的财务风险加大，外部环境变化对高校的财务决策分析能力也提出了更高的要求。由于高校运用的资金具有消耗性和不可补偿性，产出的结果表现复杂，所以尽管高校财务制度统一了核算口径，但财务指标还是难以反映高校各项事业发展速度以及经济效果等方面的内容。财务评价指标不健全，由于缺乏高校财务管理评价体系和具体评价标准，不能全面反映高校财务的综合实力、运行绩效及发展潜力，严重影响了高校财务管理水平。

第六，财务分析能力低，资金使用效益不高。新教育体制实行后，很多高校还未制定适合自身的具体细则，对集权与放权的程度掌握不准确，各部门之间缺乏沟通与协调，在有限的资金分配上出现"你抢我占"的局面，财权分散、财务管理不规范，所筹集的资金不能用在效益最高的项目上，而受高校财务部门人员专业素养的限制，财务分析只是反映一定期间内的高校收支状况和资金结存情况，对资金整体结构和效益没有正确的理解和定位，缺乏科学的分析，财务信息前瞻性不强、有效性低。

第七，高校财务分析制度不完善。高等教育投资机制和模式的改革创新在很大程度上推动了我国高等教育大众化阶段的到来。随着高校招生范围不断扩大以及市场经济的不断发展，市场对高校财务分析水平提出了更高的要求，所以，高校必须尽快找出其财务分析系统的关键所在。首先，高校在财务分析方面不够全面，在财务分析上的范围很小，比较重视收入与支出的状况，没有充分地发挥新制定的会计制度的内涵，忽略了相关的经营分析以及基础建设的分析。其次，财务管理人员无法分析资金总体的运作是否有效，无法计算出资金具体运作的效果是否明显，无法得出资金分配是否最佳。

九、传统非信息化财务运作模式存在的问题

信息技术创新是高校财务管理技术创新的核心内容。它是指在财务信息的搜集、整理、加工、传递、存储、检索活动中所采用的技术手段和方法的创新，主要包括计算机技术创新、网络技术创新、通信技术创新等。当前我国高校所财务软件只注重开发，不注重维护，升级换代速度较慢，跟不上财务管理的需要，另外网络化程度也不高，这些都给财务管理带来了新问题，这些问题需要充分利用技术创新手段来解决。

第一，会计管理水平低下，信息传递滞后。在传统财务运作模式下，高校所进行的财务管理是一种静态财务管理，管理的依据是事后反映的静态财务会计资料及其他相关部门的资料。高校管理者对其每一项经济活动的发生无法进行实时跟踪，每一笔经济业务的发生不能立刻反映为会计信息，高校财务管理不能随时了解和掌握单位财务状况、银行资金动态，不能准确快捷地为领导提供决策，致使资金使用效率不高。由于对下属二级院校财务管理信息反馈滞后，使各方面的管理都较为被动，难以及时为预算编制、执行、分析和宏观调控提供准确的依据。

第二，会计工作效率不高，信息结果反映失实。在传统财务运作模式下，高校财务人员使用的是算盘、计算器和纸张，手工进行预算编制、收支结算、会计核算、编制会计报表和进行年终决算，在对招投标项目管理上由于受时间、空间和部门分隔制约，无法对其预算进行审核。此外，由于高校财务管理人员水平参差不齐，有的是兼职教师，专业技术不强，造成了学校内部财务管理不规范，科目设置不符合要求，资金使用不合理，报表编制不符合规定，年终决算准确性不高、信息失实等。

第三，会计活动管理系统构建不完善，信息掌握不全。在传统财务运作模式下，会计活动管理过程系统构建不完善，无法满足高校财务管理的需要。一是收费系统构建不完善，由于高校学生人数多、收费项目细、收费金额大，存在着部分高校为解决一时的资金问题，巧立名目向学生收取各种管理费用的现象，在社会上造成消极影响，也不利于廉政建设；二是票据管理系统构建不完善，从票据的申购、入库、出库到收款开票，无法实时核对和抵扣，经常出现票款不符的现象；三是学生欠费查询系统、学生个人信用信息系统构建不完善，致使高校对学生欠费情况和毕业后的去向无法掌握，造成大学生欠费越来越多，欠款无法追收，严重影响了学校的正常运转。

第四，会计监督流于形式，无法对违纪行为进行回溯性追究。在传统政务运作模式下，各高校的财务监督基本上是事后监督，会计检查基本上是手工查看记账凭证、核实账簿和会计报表等，实物检查也只是组织相关人员进行财物清点，列出盘盈、盘亏数，对于财务运行的既成结果，只要不是严重违反财经纪律，一般只能勉强性处理，很难回溯性追究。

十、财务管理方法与技术创新的必要性

第一，高校财务管理方法与技术创新是增进高校管理效益的重要手段。经济与教育是密切关联不可分割的。一方面，高等教育要受经济的制约；另一方面，高等教育的发展对经济也起着促进作用。高校整体水平的提高离不开微观经济基础，微观经济基础管理水平制约着高校整体水平的发展，作为微观经济基础重要组成部分的财务资源领域，其管理水平的高低对高校整体管理效益水平具有重要影响。高校整体管理效益可以用一个指标体系来衡量，包括学校声誉、学术资源、学术成果、学生情况、教师资源和物资资源等。这些

指标都和财务资源有着密不可分的关系，比如，博士点、硕士点的建设，国家重点学科和国家重点实验室的加强，教师资源的丰富等都离不开财务资源的强力支撑。如何强化高校财务管理，提高高校财务资源的投入产出比，已成为影响高校管理效益的重要因素。财务管理是建立在管理的技术水平之上的。技术设备、技术人才、软件、各项预决策技术等为财务管理奠定了坚实的基础。高校财务管理领域唯有实施技术创新，才能提高高校财务管理系统的运行效率，增强系统功能，优化系统结构，达到增进高校整体管理效益的目的。

第二，高校巨大的投资需求和资金量需要财务管理技术创新的支撑。高等教育不同于基础教育，由于高校的仪器设备越来越精密，越来越昂贵、一所具有一定规模和水平的高校从筹建到建成再到使之延续下去需要大量的投资和较长的周期。要使财务资源得到有效配置，保证财务资金的高效、规范、有序、顺畅流转，实现高校的整体发展目标，就必须充分利用现代科学技术成果，优化设备技术性能，提高人才资源效能，提升财务管理技术水平，保证高校的可持续健康发展。

第三，高校发展环境的变化为财务管理技术创新提供了可能。高校发展环境主要包括知识经济、信息和科学技术等环境要素。高校发展环境的变化深刻影响着高等院校的各个领域，尤其是作为高校整体管理系统中重要部分的财务管理系统。高校发展环境的变化为财务管理技术创新提供了可能，目前，计算机在高校财务管理系统中得到了广泛的应用，局域网也逐步建立起来，信息技术的发展、知识经济时代的到来使高校财务管理技术创新成为可能，也给高校财务管理带来了巨大的挑战，作为教学和科研基地的高校，只有加强财务管理的技术创新，才能迎接知识经济的挑战。才能充分利用信息技术发展带来的有利时机。正是高校财务管理技术的不断创新为高校的可持续发展提供了可靠保证，否则，面对飞速变革和发展的信息社会，裹足不前的财务管理技术必然成为高校前进的"绊脚石"。高校财务管理技术创新要求不断更新技术知识，充分发挥技术知识的先驱作用，有效地挖掘高校财务管理潜力，产生巨大的经济效益，促进高等教育事业的快速健康发展。

第四，创造条件，为实施高校财务管理技术创新奠定基础。首先，要注重硬件设施的建设。管理体制是硬件，一个有生命力的组织除了拥有高新技术之外，先进的管理和资金也是不可缺少的条件，只有以科学管理为条件，将先进技术与资金相结合，才能将技术创新有效地进行下去。设施更是硬件，管理者光有创新的思想而没有硬件的话，将无法付诸实践，技术创新只是空中楼阁，进行技术创新必须要有良好的氛围，良好的氛围除了取决于人的因素外，也有物的因素，必须优化办公环境和设备，给高校财务管理者以充分发挥技术创新能力的天地。另外，不同技术的创新对硬件设施的要求是不同的，应根据技术创新的特点来配置不同的保障设施。其次，要有充足的经费保障。进行技术创新必须有一定的经济基础，否则只能是纸上谈兵，缺乏资金作为后盾，技术创新将难以开展，而就我国高校财务管理的现状来看，往往存在缺乏资金来源、资金不到位或者将资金挪作他用的现象，例如，财务部门要购买计算机或组建局域网，实现自动化、网络化办公，往往没有专用的经费开支，要真正把技术创新经费落到实处，应在开支科目中单列一笔固定的费用作为技术创新的经费保障，这样才能保证技术创新理念真正贯彻实施和发挥作用。

第五，建立创新型复合人才培养机制是高校财务管理技术创新的根本途径。财务管理技术人才是高校财务管理技术创新的关键，一流的创新离不开一流的人才，建立创新型复合人才培养机制，不仅包括对创新型复合人才的培养，还包括尊重人才、使用人才等其他更为广泛的内容。高校财务管理技术创新是一个多环节相互衔接的复杂系统工程，对人才的需求是多方面的，它既需要优秀的技术人才、信息人才，也需要组织管理人才，它要求财务管理者既要精通专业知识，又要懂得与专业知识相关的科技知识；既要会管理，又要懂技术，特别是计算机和网络技能的掌握和运用。它要求财务管理者要具备全方位的素质：一是要有创新能力，要具有渊博的专业知识，并能掌握所从事的高校财务学科前沿的学术动向、学科的发展方向；二是要有推动技术创新的胆略，具有抢先掌握核心技术并主导管理动向的本事；三是要有务实的创新精神，要具有竞争意识和奉献精神，还要有果断的决策能力。为此，高校首先要树立尊重人才的价值观，当前，人才价值标准还没有真正依法确立，对知识作为资本的合理评估体系也未普遍建立，人才的作用得不到充分的体现，知识的价值得不到应有的回报，一个最根本的原因就是对人才不够尊重。掌握和运用知识的人是技术创新的主体，目前，我国高校财务管理虽有人才，但仍然存在着供给不足或者人才流失的现状。在人才缺乏的条件下，珍惜优秀人才、人尽其才的措施还没有彻底落实，因此，高校必须对人才价值观有正确的认识，在求才、识才、用才和爱才方面体现出尊重人才的价值观，要建立和完善人才运营系统，在实施人才战略时，光有创新型复合人才，不懂得用才，仍然不能发挥人才的作用，用才是推动人才由潜在生产力转化为直接生产力的核心环节。高校应把财务管理人才定位于科技发展的战略重点高度去认识和运营，建立一个科学的人才运营系统，高校财务管理系统中的决策者应该为财务管理人才创造成长、发展的机会。

第六，制定有利的政策和法规，为高校财务管理技术创新提供可靠保证。高校财务管理技术创新活动需要在一定政策和法规的指导下开展，以保证其实施的可行性、有效性和规范性。①要出台一系列相关政策。只有得到政策的允许，才能保证高校财务管理技术创新的顺利进行。一系列相关政策包括：一要为技术创新创造良好的环境，向广大财务工作者宣传与时俱进的思想理念，打造一种浓厚的技术创新的氛围；二要制定有关的人才激励政策。在目标管理的基础上建立一套人才激励机制、竞争机制，吸引管理技术人员为高校财务管理技术创新服务。②要制定相关的法规，以规范技术创新活动的开展。一方面要引导技术创新活动朝着规范化方向发展，防止其产生负面影响；另一方面要制止高校财务管理创新活动中的不规范行为，对于违反政策和法规的行为应予以纠正，应制定相应的考评、奖惩制度等。

第四节　高校财务管理创新内外环境方面的动因

本节内容将分析高校财务管理创新内外环境方面的动因：高校新财务制度，高校新会计制度，知识经济环境，经营理念、教育产业与市场经济环境，信息化、网络经济与一卡通环境，内部控制环境，部门预算与国库集中支付制度环境，完全学分制环境，社会管理环境，财务创新团队环境。

一、高校新财务制度

随着我国高等教育事业的不断发展，高校财务管理工作的内外环境发生了巨大的变化。资金来源日趋多元化，高校资产规模大幅度增加，经济活动更加复杂，如何有效地开展经济活动，并对经济活动进行规范管理，确保经费使用安全、规范、有效，将是高校财务管理工作的重点。新《高等学校财务制度》（以下简称《制度》）的出台是在该背景下对高校财务管理提出的新要求。

第一，管理责任更加明确。一是新《制度》在总体上进一步体现了高校的法人主体地位，明确了财务工作实行校长负责制，按照高校内部治理结构的要求，校长负责并不意味着校长个人承担所有的责任，而是在学校党委的领导下，校长应当明确学校财经工作的议事规则和决策程序，严格执行"三重一大"集体决策制度，完善多层次的经济责任体系；二是进一步明确了高校实行"统一领导、集中管理"的财务管理体制，规模较大的学校可以实行"统一领导、分级管理"，但必须遵守和执行学校统一制定的财务制度，并接受学校的统一领导、监督和检查；三是强调高校应当设置总会计师岗位，协助校长进行财务管理工作，明确了总会计师岗位的权利和责任。

第二，制度要求更加精细。一是强化了预算和决算的程序及制度要求，对预算编制的依据、程序及预算调整提出了更具体的要求，增加了决算管理的有关规定；二是收支管理要求更加细化，调整了收入和支出的分类和口径；三是完善结转和结余管理，明确结转和结余按照同级财政部门的规定执行；四是强化了资产管理，调整了固定资产分类和价值标准，要求应当对固定资产计提折旧，不得使用财政拨款及其结余进行对外投资，对资产的出租、出借进行了更严格的规定。

第三，成本费用管理更加规范。与原《制度》相比，新《制度》增加了成本费用管理的内容，要求高校应当根据事业发展的需要，实行内部成本费用管理，加强成本核算，按照相关核算对象和核算方法，对业务活动中发生的各种费用进行归集、分配和计算；在支出管理的基础上，将效益与本年度相关的支出计入当期费用，将效益与两个或两个以上年度相关的支出，以固定资产折旧、无形资产摊销等形式分期计入费用；要求高校应当建立成本费用与支出的核对机制，实行成本费用分析报告制度。

第四，风险控制更加严格。新《制度》明确要求高校应当建立健全财务风险控制机制，规范和加强借入款项管理，严格执行审批程序，不得违反规定举借债务和提供担保。高等学校应当严格控制对外投资，在保证学校正常运转和事业发展的前提下，按照政府有关规定可以对外投资的，应当履行有关审批程序。

第五，财务监管更加健全。一是新《制度》明确了高等学校财务监督的主要内容，要求对财务运行的全过程进行监督，形成事前监督、事中监督和事后监督相结合，日常监督和专项监督相结合的监督机制；二是要求建立健全内部控制制度、经济责任制度、财务信息披露制度，依法公开财务信息；三是要求学校自觉依法接受主管部门和财政、审计等部门的监督，主动接受社会公众监督。

二、高校新会计制度

目前我国高校新会计制度下财务管理工作的现状及存在的问题包括以下几个方面。

第一，财务内部控制制度不健全。虽然财务管理制度伴随着我国高校的发展也有所发展，但是与我国高校事业的迅速发展相比，高校财务管理的发展显得有些落后。目前的财务管理制度已经不适应我国高校的发展。高校财务管理案件近年来时有发生，内部控制制度的不健全是造成高校财务管理工作出现问题的一大原因，主要表现在三个方面：①内控内容不健全，有些高校的内部控制实际缺乏对内容的严格监督和控制；②内控范围有限，一些高校的内部控制范围仅限于强调财政资金内控的有效性，而忽略了对高校内各院系财政资金的控制；③内控执行力度低下，有些高校的内部控制内容虽然很完善，但是在实际的执行过程中并没有完全按照这些内容来执行，甚至置之不理，使一套完整的内部控制体系形同虚设，不能发挥这些体系应有的作用。

第二，财务运行机制有待完善。我国高校的财务管理与其他企业相比存在差距的一大原因是，高校的财务管理没有合理科学和完善的财务管理制度，这就导致高校财务管理工作的运行机制也是不健全的。高校财务管理较为复杂，要想达到资源优化配置是很难做到的，不完善的财务运行机制会影响高校其他工作的顺利开展。

第三，财务管理人员结构不合理。很多高校只重视教学和科研工作的开展，却轻视财务管理工作对高校发展的重要性，忽视高校财务管理工作的进行。其中，财务管理人员的任用是直接的表现。一些高校把没有达到专业要求条件的人员聘用为财务管理工作者，而那些具备高水平专业财务知识的人员只是负责记账或者出纳工作。另外，很多高校的财务人员的专业知识老化，对现代会计知识不了解，更谈不上对新技术的应用；不能用新的思维、新的技术去看待和处理问题，更谈不上财务管理创新。新经济时代下科学技术的快速发展对高校财务管理工作提出更高的要求，所以高校财务管理工作创新需要的是专业知识过硬、技术过硬、思想品德高的专业会计人员。

第四，成本核算不完善。我国一些高校在财务管理工作中注重资金管理，却忽视了对固定资产的管理工作。学校的教学科研设备和其他公共设施也是学校的资产，对这些固定资产的管理不严格也会造成学校资产的流失和损失。另外，高校在对教学科研进行投资时缺乏相应的成本分析，导致资金不能达到最大化的利用。

三、知识经济环境

随着知识经济时代的到来及市场经济体制改革的深入，高校面临新的生存环境，与高校管理息息相关的财务管理工作也面临着新的挑战，其财务管理工作已不仅仅是筹资运作及核算管理方面。

知识经济是以知识为基础的经济，它的技术含量很高。高校人才云集，其发展目标是传授知识、培养人才、创造最佳社会效益。高校既是培养科技人才的基地，又是高新技术创新的发源地，可以说，高等教育是高新技术的诞生地和摇篮，知识经济的社会将是学习的社会，知识经济的时代将是教育的时代，在这其中，高校具有责无旁贷的责任。而高校财务管理工作已经渗透到高校的各项管理工作中，面对知识经济的社会，高校财务管理正面临新的挑战，迎来了新的生存环境和改革发展机遇。

随着全球知识经济的兴起、网络信息时代的到来及电子商务的蓬勃发展，高校的经济环境、政治环境及教育环境发生了变化。为了适应其发展需要，推动内涵建设，高校相继从20世纪末进行了大规模的重组及合并，这就对高校财务管理提出了新的要求。高校财务管理是高校组织自身财务活动、处理各种财务关系的一项经济管理活动，随着"以财政拨款为主，多种渠道筹措教育经费为辅"的教育投入体制的确立，财务管理的主要职能表现为拓宽渠道，筹措资金；编制预算，分配资金；预算控制，使用资金；资产管理，合理配置；财务报告，财务分析；健全体制，财务监督。财务管理不仅是分析财务指标、研究财务信息，而应该形成一个综合财务信息系统，全方位、多角度地进行分析和研究，不仅是预算编制、预测分析、决策分析及控制等，而应站在战略性高度，对一些非财务指标的业绩评价提出全面分析，同时建立高校财务管理网络信息系统等。

四、经营性理念、教育产业与市场经济环境

（一）高校经营性理念

第一，高校经营性理念的内涵。随着教育体制的改革，高校的教学管理理念已经不再是原来的那一套方法，而是逐步向更高层次发展。现在的高校在原有的管理基础上对其管理办法有所创新，引进了高校经营性理念。虽然高校经营性理念并没有完全普及，但是已

经被一部分学校的管理人员所看好，并已经被运用到实际工作中。高校经营性理念在财务管理中的运用主要是通过对学校所拥有的或可控制的资源进行优化配置与整合，把提高资源使用效率和运作效益作为目的的一系列筹划营谋活动。我们不要狭隘地认为只有企业或是其他的营利性机构才能有自己的经营性理念，作为高校，管理人员要把明确学校的发展方向、发展目标以及发展中会存在的障碍作为高校的经营性理念。在大学的经营管理中必须要强调成本与效率的重要性，在学校教学活动顺利进行的条件下，缩小其成本，提高学校的效益，最大限度地利用学校的人力、物力与财力等各项资源，并且使其能够再生与增值，自然形成高校的"管理性经营"。

第二，高校财务管理的内涵。目前全国高校数量众多，而这些高校之间存在的竞争是多方面的，不仅是在教学环节上有所竞争，作为保障学校发展的财务环节一样也是竞争的内容。目前大多数高校的财务管理工作主要是财务人员对学校资金的整体情况做一个大概的了解，然后根据具体的情况制定下一年度的财务预算，在财务年度中及时地分析资金的流向以及学校的财务状况，定期定时地向管理层汇报财务情况，对存在的问题以及有待改进的地方及时更正，帮助管理层对学校的发展做出正确的决定。但是，目前部分高校的财务管理系统并不完善、财务预算不准确、财务记录不详细、财务分析不可靠，这些问题都有待改善。

（二）教育产业

高等教育的产业已经伴随着中国市场经济时代成为事实，这种产业化的进程使得在计划经济背景下形成的高校财务管理模式显现出了许多问题。

第一，教育经费投入不足是制约学校发展的主要因素。我国多渠道筹措教育经费的模式已经取得了显著成绩，但同时教育投入不足的状况仍然严重制约着教育发展与改革，政府依法承担的教育投入部分还需持续增长。

第二，教育资源有效利用率不高。由于我国的实际国情，一方面导致了国家教育投入不足，另一方面教育资源有效利用率不高，出现严重的浪费现象，这反过来又加剧了教育经费不足所造成的后果由于我国实行市场经济，所以国家对教育的投入不再像过去那样多，而高校对过去的这种资金投入却产生了依赖性。同时，国家投入到高校的资金并没有被高校充分利用，各类资源被浪费的现象很严重。高校因为生源增多而都在逐步扩建，扩建后就必须购买教学资源，这也是高校资金花费较大的地方。另外，高校财务部门并没有提出"资源共享的策略"，即对于花费过大的设施无法进行高校之间的共享，而是从其他款项里挪出，购买之后又形成资源封闭的现象。

第三，高校财务管理体制不能较好地适应教育产业化的需要。随着市场经济的发展，中国高等教育逐渐走向产业化，教育产业化要求高校财务管理体制能够确定新的管理内容和目标，然而，目前中国高校在这方面的认识和实践都显得有些滞后。首先，由计划经济体制向市场经济体制过渡期所产生的认识问题尚未解决；其次，高等学校还不能很好地把握资金管理中的财政主体与财务主体的双重属性；最后，在具体的财务管理实践中还存在着许多滞后现象。

第四，财务预算流程不规范。随着教育事业的产业化发展，作为高校核心组成部门的财务管理部门受到了大家的关注，它要为高校的各项花销做出精确预算，如仪器设备、学科建设及各项体育活动等花费。但是，当前高校的财务预算却跟不上时代的发展，流程不规范。例如，很多高校都承担一定的项目，所有项目都需要足够的资金，由于财务部门没有预算好资金需要，使得项目在后期运行时资金不充裕而延期，最终成为高校向前发展的"绊脚石"；或者最初预算时能够满足项目运行的需要，但是由于项目承担人责任心不强，在项目前期没有专门的人进行监督而造成很多资金浪费，这些都属于财务流程上的不规范现象，都有待完善。

第五，财务管理制度不能很好地与教育产业化相适应。为了适应时代的发展，很多高校已经步入产业化阶段，但是校内财务管理的制度、方式、内容与目标都没有及时更新，没有因为新制度的需要而制定新管理方案及内容，这使得高校在产业化过程中在理论上显得相对落后。另外，市场经济要求高校改变旧观念，逐步向自主办学模式发展，但是人们在观念上一时还改变不了。高校内的财务管理也存在诸多问题，不能正确把握财务管理过程中财政与财务的双重性质，使得管理制度存在滞后现象。

第六，财务制度改进速度慢，财务核算方法落后。21世纪是教育事业高速发展的时代，但很多高校在管理制度上还有很多缺陷，不能满足日益发展壮大的高校需求，部分高校在遇到问题时也在根据实际情况提出相应措施，但是改进措施实施的速度比较缓慢，使得原本可能有效的方法因为实施不及时而失去效果。另外，很多高校为了加大发展力度都开始对外投资，但是在对外投资过程中由于财务预算方法的落后给学校造成了很大的经济损失。

（三）高校市场经济环境

第一，市场经济条件下高校财务的特征，随着市场经济的发展及教育改革的不断深化，高校所需经费已从国家统一拨款的方式改为多方筹集的方式，其财务也随之有了很大变化。①资金渠道多元化、社会化。财政拨款不再是教育事业资金投入的唯一渠道，预算外资金增加使高校教育经费形成持续增长的态势；②后勤服务社会化。后勤通过体制改革，转换机制，非经营性资产转变为经营性资产，要求高校对后勤资产重组，并作为学校对后勤服务集团的注册资本金投入，建立起一种以资产为纽带的新型控制关系，从而实现实物管理向价值管理方面的转变；③投资方式复杂。投资不仅以学校自身实物资产方式投资，而且以"无形资产——学校声誉"投资，校企联办，校院、校系联办使学校的"无形资产"核算与管理难度增加，如何加强这部分资产管理是值得研究的问题；④债权债务规模扩大。在拓展办学规模、增强办学硬件实力方面，高校除吸引外资、社会捐赠外，还吸收了大量金融与非金融机构贷款，这就对高校财会人员风险意识、财务分析能力提出了高要求；⑤预算更加复杂。预算外资金不断攀升，有的已超过预算内拨款，形成预算外资金大于预算内资金的态势。

第二，市场经济条件下高校财务管理的主要任务及内容。财政投入仍是高校办学经费的主要来源，科研事业收入、学校向校办产业投入获得的收益，以及社会各方捐资助学收益等多方面筹集的事业资金也是高校经费的重要来源。在市场经济条件下，高校要生存，要在生存中求发展，就必须要有高质量的、适应社会需求的、并且在将来能为社会做出贡献的"产品"。

第三，当前高校财务管理的现状与问题，①计划经济时代的观念对高校影响较大。高校财务管理人员和高校领导并没有转变传统观念、跟上新形势。一是缺乏经营意识，不重视完全成本核算；二是缺乏负债经营的观念，由于多年来形成的习惯，高校只知道"给多少钱办多少事"，即使在资金不足的情况下，也不会想到通过各种渠道筹措资金，缺乏负债经营的观念。②财务管理不能适应筹资渠道多元化的要求。随着财政体制改革的深入，国家对学校的投入将重点支持重点高校的重点项目和基础教育。高校的生存和发展单靠财政资金的支持已成为历史。高校财务管理体制中需引入市场机制，充分利用金融市场、资本市场和社会资金办学，多渠道筹措教育经费。③资产管理不规范，内控制度不健全。高等院校的固定资产管理与企业单位的资产管理最大的区别是高校对固定资产不计提折旧，导致固定资产管理只重视价值管理，忽视固定资产的实物管理，不建立固定资产明细账目，造成财务上只有价值总额，而没有资产的名称、数量、使用年限，在财产管理方面，有些高校不经批准，不按正常程序办理政府采购或通过公开招标采购，而是先斩后奏、盲目购买，造成重复购置，资源浪费，设备利用率低；有些高校没有固定资产归口管理单位，管理混乱，形成卡、物不相符现象。④高校资金闲置，专项经费使用率低，资金使用效益不尽如人意，高校存在资金闲置数额偏大、专项经费使用率低的问题。形成这些问题主要原因有：一是每年上级主管部门专项经费拨款到位时间偏迟，一定程度上影响项目进度，无法达到预期效益；二是由于管理体制上的原因，从立项审批到项目启动，需要一定的过程和时间，造成经费虽已到位却未能及时使用；三是内部管理存在问题。由于高校办学经费主要依赖国家行政拨款，对事业发展寄希望于上级多拨款，而对学校本身的事业基金和专用基金等自有资金结余，并继续将余额滚存结转至下年留用。

五、信息化、网络经济与一卡通环境

（一）信息化环境

伴随着我国教育改革的不断深入，高校技术环境、外部政策都发生了翻天覆地的变化，环境、政策的变化必然导致财务管理模式的骤变。在此骤变过程中，信息化技术给高校财务管理的模式改变提供了强劲的推动力和良好的发展契机。

第一，高校现有财务管理的模式。目前大多数高校借助于信息化手段，实现了静态财务管理模式，管理的依据是事后反映的静态财务会计资料及其他相关院系的资料，实现的手段是建立财务信息系统，日常核算和管理都按系统设定的步骤进行，到期末或是固定的时间点将财务信息进行汇总，集中存储于信息化软件中。在少部分高校中，由于管理体制和技术的进步，已经采取网络财务管理模式，将财务管理建立在网络计算技术基础上。在网络财务管理模式下，外地分支办学机构和各系部的财务工作只体现在日常业务登记上，通过网络，财务管理日常业务会自动生成凭证并传递到总部，由总部财务处集中审核、记账，这种网络财务管理模式能有效地监控分支办学机构和各个系部的财务收支情况，加强高校内部控制力度，因此，高校信息化技术的应用能力能直接影响高校财务管理模式。

第二，高校现有财务管理模式的局限性。随着教育体制改革逐渐深入，政府管理权力下放，高校成为自我约束、自我发展的独立法人，高校依法多渠道筹集经费的格局已经形成，高校财务管理较以前有了很大的自由。正是由于当前的环境，高校信息化财务管理现有模式存在着一些突出的问题。①分权管理方面。静态财务管理模式类似管理学中的分权管理，高校财务管理工作全部由各个系部、部门承担，财务决策权被不同程度地下放到各系部或分支机构，这样虽然可以在一定程度上减少高校总部的核算工作量，使信息传递与过程控制等相关成本得到节约，但是这种模式造成高校总部对分部的信息控制几乎为零的局面，导致总部与各系部之间的信息不对称，总体目标无法贯彻到系部实施，分权的本意是充分利用信息的决策价值以达到整体利益最大化。然而各层次管理者的独立性越强、权力越大，首先就会谋求自身局部利益而非整体利益最大化，即会产生"为小我舍大我"的问题，这是采用静态财务管理模式无法完全避免的一种成本或代价。随着静态财务管理模式的深入应用，这种代价将不断增强。②集权管理方面。网络财务管理模式类似管理学中的集权管理，集中控制财务信息有利于贯彻实施高校整体战略发展目标，但是这种财务管理模式必然要求有一个及时、准确、安全地传递高校信息的网络系统，并通过信息传递过程的严格控制以保障信息的质量，如果高校能达到这些要求的话，集权管理的优势便有了充分发挥的可能性。但不可避免的是，信息传递及与过程控制有关的成本问题也会随之产生，并且随着集权程度的提高，一方面集权管理的复合优势不断强化，另一方面各院系创造性、积极性和应变能力在不断削弱。

（二）网络经济环境

1. 网络经济下高校财务管理的特点

在网络经济环境下，所有的经济活动（生产、分配、交换、消费）都离不开计算机网络的支持，随着网络时代的到来，传统的经济形势和企业组织架构发生了巨大的改变，为了跟上网络经济的步伐，各企事业单位不得不着手进行体制及技术改革。对于高校来说，也不可避免地受到网络经济的影响。在高校各项管理中，财务管理占据举足轻重的地位，现代财务管理主要包括决策、计划和控制职能。网络技术的使用和网络财务软件的开发以及新的财务管理技术方法的应用，使财务管理职能的执行具有不同于传统财务管理的新特点。

一是财务管理的实时性。网络时代的财务管理与传统的财务管理相比具有管理实时性特点；首先，网络财务可以充分地利用互联网或者局域网，使得财务管理、会计核算从事后变成实时，财务管理控制从静态走向动态；其次，网络时代的财务管理的监控内容扩展了，会计核算将从事后的静态核算变成事前有效监控、事中动态核算、事后跟踪审计，扩展了会计信息内容，提高了会计信息的价值，实时产生各种反映下属单位经营和资金状况的动态财务状况；最后，通过与网上银行的连接，账务管理人员可随时查询单位的最新银行资金信息，便于管理者全面掌控。同时，网上银行的使用改变了传统的财务报销模式、支取现金的程序，极大地方便了服务对象。

二是财务管理的延伸性。财务管理通过网络的连接，使单位财务能够实现整体管理，管理者可以对所有下属单位实现集中记账，统一资金调配，既减少了财务管理的工作量，节约了管理费用，又可以对财务资源整合，实现财务与其他业务的协同，使财务管理从传统的目标管理延伸到业务管理、协调管理，使财务资源与业务运作直接挂钩，实现资源配置的最优化。

三是财务管理的集成性。网络技术可使财务管理功能与其他相关功能集成实现，在实现传统财务功能的同时，进一步即时实现数据的远程传递、远程报账、远程审计以及财务监控的同步运作，网上支付、网上催账、网上报税、网上法规及财务信息查询、网上理财等都可以与财务管理功能的实现同时完成。企事业单位内部各部门之间及与外部各相关机构之间建立了一种密切的合作关系，极大地优化了企业的资源配置。管理者基于网络可以随时随地把握企事业单位的财务脉搏及业务运作情况，在线办公、移动办公、家庭办公都可实现。

2.网络经济对高校财务管理的影响

网络经济对高校财务管理的影响包括三个方面。一是打破了高校财务管理的时空限制。网络经济的到来，使得高校财务管理工作不再受地域及时间的限制。对于设立了二级财务的高校来说，即使二级财务部门与一级财务部门不在同一地点甚至不在同一城市，有了网络，高校的所有财务都可以在同一时间同步处理。高校的财务管理部门可以随时通过信息网络系统对高校各个部门经费的使用情况进行查询及调配。高校的各级财务部门也可以通过网络系统将自身的各项开支进行远程报账及远程查询。高校财务网络信息系统的搭建，方便了学校领导及国家教育主管部门对学校财务信息进行监督及审查。

二是提高了高校财务管理的时效性。①提高了财务数据采集的时效性，高校都由不同的院系及部门组成，每个院系及部门的经济活动都会产生财务数据性。传统经济环境下，财务信息的上报统计需要经历复杂的过程，有了高校财务网络系统，各院系财务管理者可以将各项财务数据随时输入系统中去，高校一级财务管理者可以随时查看数据性。②提高了财务数据统计的时效性性。在网络经济环境下，财务数据一旦输入系统，系统数据库就可以自动地进行汇总更新，确保财务数据统计的实时更新，这是传统经济时代的人工统计所无法比拟的性。③提高了高校领导决策的时效性性。有了财务数据采集及统计的时效性，可以保障高校领导层在第一时间了解自身财务的动态变化，促进高校领导层快速做出理性的经济决策。

三是保障了不同部门间财务信息的顺利对接性。网络经济时代的到来，使得以往的高校财务管理岗位设定发生了根本性的改变，实现了真正意义上的财务上下对接，减轻了财务工作者的工作量性。在网络经济环境下，高校财务工作者不再需要从事繁杂的编制财务报表的工作，他们需要做的是及时地将各项财务信息录入高校财务管理系统中性。同时，高校财务部门需要新增信息审核的岗位，以实现对学校的财务运作状况进行有效监督，确保自身财务禁得起国家税务及财政部门的检查。

（三）一卡通环境

作为当代高校学生生活中最为常见的校园工具，校园一卡通以其强大的功能被广泛应用于高校生活的各个方面性。例如，由于校园一卡通具有构造简单且高度环保的特点，因此常用来取代现金作为学生的购餐工具，校园一卡通在高校食堂中的应用使得学生和食堂工作人员不必再因为找零而烦恼，不仅提高了食堂的财务管理效率，而且也为学生的用餐带来了诸多便利性。再如，学生洗澡时，不必再准备现金，只需要将校园一卡通插入浴霸的卡槽便可以使浴霸出水，这在方便学生洗浴的同时，也提高了学校澡堂财务管理工作的效率性。但由于校园一卡通与学生的食宿、学习和娱乐等诸多方面的校园活动息息相关，一旦丢失，补卡则需要较长的时间，这便为高校学生带来严重不便。

1. 有利影响

①应用范围较为广泛。高校管理的社会化、信息化和科技化不仅提高了高校各方面管理工作的效率，同时也有效地促进了高校本身的发展性。作为信息、科技发展的必然产物，近年来，校园一卡通以其方便管理、功能齐全的特点被广泛应用于到我国各大高校的管理工作中，并有效地促进了我国高校教育事业的发展性。②为学生的校园活动提供便利。现阶段的校园一卡通主要包括了饭卡、图书借阅卡、学生证等诸多方面的功能，不仅方便了学生对相关证件的管理，也给高校学生的校园生活带来了较大的便利性。③方便财务人员的管理工作。高校机构复杂，财务的数据来源多，由于负责信息传入工作的人员大都不是专业的会计人员，高校内部各部门统计的口径也不一致，这使得财务资料的统一性、真实性大打折扣，为高校的财务管理工作带来了较大的难度性。校园一卡通不仅集多

卡功能于一身，同时，可以将学生消费或缴费等信息以数据的形式存储在卡内，通过刷卡的方式使一段时间的校园经济支出情况直观地呈现到财务人员面前，大幅度提高了财务管理的工作效率。

2.不利影响

①数据计算量较大性。近年来，随着高校扩招的不断进行，我国高校的学生数量也在大幅度增加性。就现阶段而言，校园一卡通已经被应用到我国的大部分高校中，这不仅使得财务人员的数据计算量骤增，同时也增加了操作失误的概率，阻碍了财务管理工作的正常进行。庞大的数据量不仅为财务工作人员带来了较大的统计压力，同时也大幅降低了财务管理的工作效率性。②财务信息管理难度较大性。由于财务管理人员不仅需要对上述庞大的数据进行具体计算，同时还要将相关财务信息进行储存，为高校建设提供可靠的财务方面的数据，从而促进高校的整体发展性。校园一卡通的应用虽然减少了财务计算的类别，却增加了高校财务信息管理的难度，具体表现为：目前我国多数高校并不具备引进先进财务管理设备的经济实力，缺乏先进的财务管理方法，这使得高校的财务管理部门无法对校园一卡通应用后所产生的庞大数据量进行细化管理，不利于财务部门自身的发展，对高校内各个组织内部资源的优化整合也产生了较大的阻力。③财务工作的间断性较强性。对于高校学生而言，由于其并不是时刻都在进行着刷卡活动，高校的财务管理工作具有较强的间断性性。以校园一卡通的饭卡功能为例，由于学校食堂是全天开放的，但高校学生的用餐时间却只集中在上午、中午和晚上，因而，校园一卡通所反馈出来的信息也具有较大的间隔性，这就要求财务人员必须每隔一段时间就对相关的财务信息进行计算和审核，这样就提高了财务管理工作的难度。④财务信息的安全保密性较差。由于校园一卡通的应用与管理是与电子计算机技术密不可分的，在使用与管理过程中，可能出现黑客盗号、篡改密码等情况，由于高校缺乏相应的管理和防范手段，使其自身的财务信息受到了严重的安全威胁，从根本上阻碍了高校的发展。

六、内部控制环境

1.内部控制管理理论概况

内部控制理论拥有悠久的发展历史，主要分为三个阶段，即早期、中期和当代。在内部控制理论的早期阶段，财务部门或者职能部门不能单独地完成财务管理工作，需要多个人或者多个部门联合完成，此时的财务管理权力较为分散；在内部控制理论的中期阶段，内部控制管理机制有了较大的改变，在财务管理中有效地使用激励机制和监督机制，随之产生了较强的约束力性。在内部控制理论的当代，内部控制机制有了更大的发展，内部管理机制可以更加有效地对整体经济进行调控，掌握经济发展的脉络。

2.高校财务管理理论概况

在我国进行改革开放后，为了更多地培养高校人才和顺应市场的需要，各个高校进行了扩招，随之而来的是扩建校舍、宿舍等一系列的施工任务，这些工程都需要巨大的经费支持，为高校的财务管理工作带来一定的风险性。近年来，高校财务管理体制改革不断深入，各个高校的财务管理情况有所改善，但仍然存在一些不完善之处，需要不断地改进。

3.内部控制视角下高校财务管理存在的问题

第一，高校管理层对财务风险的防范意识不强性。我国高校长期以来受到计划经济的影响，经费支出主要来源于国家财政拨款和学费收入，导致学校在财务运作方面缺乏风险意识性。随着近几年高校教育体制改革的深入发展，高校传统的经费来源已经改变，更多的是转向多渠道筹资方式性。在这种情况下，一些高校在扩大办学规模、扩大校址的过程中会出现负债亏损的情况，致使财务风险逐渐浮出水面性。但是大多数的高校管理者和财务人员并没有意识到风险的存在，对未来财务管理的防范意识不强，也没有采取行之有效的措施进行解决，这些因素使高校的财务风险逐渐增大。

第二，没有形成科学的财务预算观念。我国一些高校没有树立正确的财务预算观念，初期的财务预算缺乏准确性，财务人员没有对未来资金支出进行准确的计算性。另外，即使有较为准确的预算，在实际执行过程中也没有严格地按照预算设计给予执行，使高校财务预算形同虚设，失去了财务预算原本的作用，没有达到预期的效果性。高校的管理人员并没有对财物预算给予足够的重视，高校财务预算不仔细、不全面，仓促应付的情况较为普遍，致使财务预算不能为学校未来的财政支出提供正确方向，不能对潜在的财务危机及早识别，最终产生负债等不良情况。

第三，高校资产内部控制不规范性。高校本是非营利的办学机构，但随着教学体制改革，各个高校更多的是进行自主筹资，但筹得的资金并没有得到规范的控制，容易出现财务漏洞，引发贪污腐败等行为，这些因素提高了财务管理活动的风险性。高校的固定资产来源于财政拨款，但资产的购置和使用没有考虑使用效率，在对固定资产的内部控制方面存在一些问题，没有对固定资产形成科学、规范的管理，致使在开展资产管理工作时会出现混乱的情况，例如，对高校的固定资产只注重价值的使用、不注重对实物的管理，甚至没有设置固定资产的明细科目性。另外，一些高校固定资产核算制度不健全或者在核算的过程中没有得到较好的执行，会计人员对固定资产向流动资产转移的过程没有及时地登记处理，致使固定资产在清算时与实际值并不匹配。高校资金使用的计划性不强也是内部控制不规范的原因之一，在后续的使用过程中没有考虑到资金的实际使用效果。

七、部门预算与国库集中支付制度环境

（一）部门预算环境

1. 部门预算对高校财务管理的不利影响

由于部门预算改革是对传统预算管理方法的根本变革，触及既有利益格局和各方关系，加之受综合配套改革推进等多种因素的制约，难免会遇到各种各样的阻力性。要达到完整、细化、综合、法制的部门预算改革目标，仍需不断努力，部门预算在高校财务管理工作中存在"瓶颈"，需要进一步完善。

一是对财务预算管理的重要性认识不够性。随着高等教育事业的蓬勃发展，高校规模不断扩大，各院校教育经费增长较快，财务管理科目逐渐增多，财务工作量明显加大，高校办学经费来源发生较大变化，财政拨款、银行贷款、学校收入、产业收入、社会投资等形式的办学经费给高校带来了大量的全方位经费支持。对于这些资金的管理和正确应用，保证高校教学科研、行政后勤和学生管理工作的正常开展，是新时期高校财务管理的重要任务性。然而，许多高校并没有认识到财务预算管理的重要性，不能适应高校快速发展的财务管理需要，没有建立科学有效的财务预算管理及监督机制，未能将财务预算管理的责任落实到位，缺乏科学理财的主动性和积极性，使预算管理流于形式性。因此，建议各高校内部要加强学习和宣传，充分认识这项改革的重要性、艰巨性和复杂性，争取学校领导和教职工对这项工作的理解和支持，加强与校内各部门、各院系的配合与沟通，积极化解其中的矛盾和阻力，使改革能够顺利进行。此外，高校财会人员要加强学习，提高自身的业务素质和应变能力，以适应改革发展新形势的需要。

二是部门预算没有真正做到"零基预算"性。目前，部分学校仍然没有完全脱离"基数加增长"的预算编制方法，造成高校之间经费分配不公平，建议主管部门和财政部门要根据各个高校事业发展计划对资金的需求分配预算资金，真正做到"零基预算"。

三是学校编制的部门预算不能体现学校支出的全貌。学校编制的部门预算没有按照复式预算的方法反映学校的经常性支出和建设性支出，学校建设性支出的很大部分未纳入部门预算，仍然不能体现学校支出的全貌，其主要原因是财政投入不能满足学校实际支出的需要，如果将建设性支出全部编入部门预算，就会出现赤字预算性。因此，在财政不加大投入的情况下，高校的"赤字"只好隐性存在，不能反映在部门预算之中，这使学校编制部门预算的完整性大打折扣性。建议政府加大投入，学校编制完整的支出预算，使部门预算改革更加完善。

2. 部门预算对高校财务管理的积极影响

首先，高校部门预算的公开将有助于政府和高校进一步深化部门预算改革，完善预算

支出标准体系和政府收支分类体系，增强预算编制的准确性、科学性；有利于进一步细化部门预算编制，增强预算约束力，严格执行预算进度，实现预算与决算的有效衔接；有利于高校加强资产管理，促进资产管理与预算管理的结合；有利于高校依法理财、民主理财。

其次，实行高校部门预算公开是推进高校管理体制改革的必然要求，也是强化对高校办学的制约和监督、从源头上预防和治理腐败的重要举措。高校部门预算的公开不仅不会引发社会矛盾，反而能够增强社会对高校的信任，更有利于社会稳定性。社会的监督也有助于高校精打细算，把有限的资金用到高校发展急需的地方，将高校部门预算置于社会监督之下，财务信息透明度的提高，可有效遏制高校在收费、招投标等方面的腐败现象性。高校对自身财务信息进行公开，才能提高社会力量的参与热情并实施有效管理，帮助公众正确地理解高校的办学困难，提升高校办学形象。

最后，高校部门预算的公开，将预算收入和支出予以公开，不同高校之间的横向比较可以起到"准市场"的作用，办学效率比较低的高校会受到社会舆论的监督和责难；同时，高校部门预算公开也有助于财政部门对高校展开财政绩效评价，并将评价的结果与拨款制度改革相联系，社会和政府的双重监督将会有效地促进高校提高办学效率和办学质量。

（二）国库集中支付制度环境

实行国库集中支付制度后，尽管强调不改变预算单位资金使用权，不改变预算单位财务管理和会计核算权，改变的只是财政资金的拨付方式和程序，但是由于客观情况的多变性和复杂性，高校在财务管理中仍然出现了许多新问题。

第一，部门预算的准确性、科学性和规范性直接影响国库集中支付制度的实施。部门预算是实行国库集中支付的基础和依据，目前，在部门预算中，人为地将支出项目按资金来源对应区分预算内和预算外资金，与目前高校财务执行《高等学校财务制度》和《高等学校会计制度》(以下简称两个《制度》)中实行"大收大支"的综合预算财务制度不相符，与高校实际不相符。

第二，实行国库集中支付制度后，财政资金要通过财政直接支付和财政授权支付两种方式拨付使用，这种方式与现行的两个《制度》相矛盾，要满足国库集中支付的要求，就会增加会计核算的难度，并使核算趋于复杂化性。学校在用零余额账户资金支付时，支出不仅要分清类、款、项，还要分清是基本支出还是项目支出性。在预付购货款、借款及应付款时，由于确认支出在时间上不一致，在确认支出时要分别确认项目支出、基本支出和分清支付渠道，这在实际工作中很困难，会给财务人员的工作带来不便。

第三，财政部门从预算到支出实行全过程监督与控制，每项费用开支必须根据预算进行安排，资金的使用不再像以前那样灵活，增加了单位的理财难度，同时使学校对社会资金的筹资能力有所降低性。近年来，高校大规模扩招及基础建设的大量投入，导致资金缺口越来越大，这些资金缺口在财政拨款无着落及高校自身创收很难短期弥补的情况下，积极开展银行与学校合作，争取银行贷款已成为这一时期高校主动适应市场竞争、争取经费给养、保证其生存与发展的重要生命线。实行国库集中支付制度以后，高校在商业银行的账户被取消，只允许在指定的商业银行保留零余额账户，且该零余额账户也是由财政部门指定的，只有计划额度，没有实体资金，余额保持为零，没有了银行存款的沉淀，没有了收费权的质押，高校自然也就失去了与银行交易的砝码，这些因素必然堵塞高校向银行融资的渠道，增加了高校筹资的压力。

八、完全学分制环境

（一）学年学分制和完全学分制

学年学分制是以学年为标准衡量学生学业完成状况的教学管理制度，它的特征主要反映在规定学习年限内确定的必修课程数量，并强调对教学过程和目标的集中统一管理性。完全学分制，从根本意义上说，就是用学分管理课程，以学分为单位计算学生的学习量性。由学生自己选择专业、课程、学习时间和学习方式，自己安排自己的学习计划和毕业时间，以学生取得规定的最低学分数作为毕业标准的一种教学管理制度。

（二）完全学分制的新特点

完全学分制的新特点包括四个方面。第一，弹性学制性。弹性学制为学生提供了一个比较灵活、宽松和谐的个性发展环境，学生既可以提前毕业，也可以延期毕业性。一方面，学生修完专业教学计划规定的全部课程，取得规定的学分，德、体合格者，可以提前毕业；另一方面在学制规定的年限内达不到毕业要求的学生，也可以延长学习时间，延期毕业，即学生的学习有自主选择的机会和条件。这样就能使不同基础和水平的学生以及不同情况的学生可以根据自身的实际情况安排学习进程与毕业时间，不受原来必须在规定的学制内毕业的限制，完全学分制只强调学生毕业所需的最低学分，不明确规定修学年限。

第二，间修制性。对于有特殊困难或原因的学生，经过批准，可以中断学习（停学），实行间修制，学校为其保留学籍性。然后，等学生具备条件或有能力继续学业时，再申请复学进行学习性。一般而言，每次中断的学习时间以一年为限，累计中断次数也不能超过两次。间修制为学生自主发展、自我选择提供了方便。

第三，选课制性。学生入校后，根据自己的意愿和兴趣可以重新选择院系和专业，并按照专业教学计划的要求，修完相应模块规定的课程，取得规定的学分，学生就算完成规定的最低学分，即可毕业性。在校期间，学生可以根据自己的实际情况，具体安排自己的学习进度，学生不仅有充分的自主权决定自己学什么课程、修多少学分，也有权决定自己在什么时候学、在什么地方学，学生可以提前毕业也可以延迟毕业；在学习方式上，学生还可以申请免听或免修，甚至间修。

第四，高校间学分互换制。高校间学分互换是完全学分制的又一大特点，它创立于1988～1995年，后来被纳入高等教育伊拉斯莫计划的欧洲学分转换系统，使教育机构之中的不同系统之间的流动成为可能。在每所大学，学校都为学生保存其成绩副本（学校对课程及学分等级的记录），如学生转到另一所大学，新大学将会对其成绩副本进行审查，并承认其中的有效学分，这些学分可以记入学生的毕业总学分。

九、社会管理环境

社会管理创新是通过树立社会管理新观念，采取和运用社会管理新方法、新手段，在多元主体参与的格局中有效解决社会问题、实现社会的共同治理，由于高校财务管理更具有基础性、公共性、利益攸关性和非营利性等特征，我们可以从社会管理创新的视角重新对其进行认识和探讨。

高校财务管理新变化。我国高校办学体制改革的不断深化，使得高校财务管理的内、外部环境都发生了重大变化，就外部环境而言，高校办学经费来源从过去由政府单一拨款的方式转变为现在的多渠道筹资方式，除政府拨款外，还有面对广大学生的教育收费，来自企业、社会或个人的赠款、捐资，各种纵向、横向课题经费，校办企业、公司的利润收入，学校与企业、政府、社会合作办学的经费以及非全日制、计划外各种办学的学费收入等，这就造成了高校经济成分、利益主体和利益诉求的多样化，使得高校财务管理的社会性特征越来越显著，增加了高校财务管理的难度。

外部环境变化也引发了高校内部财务管理活动的性质与职能、管理理念及方式方法的调整、转变与创新。在高校办学体制改革不断深化的背景下，高校的财务管理已发展成为多主体共同参与下的一种相互关联、相互影响的网状结构财务管理体系，而高校财务管理部门即为这个网状结构体系的中心，财务管理部门通过预算分配，使经费、资金流入到这个网状结构的不同节点（部门、学院、团体等），通过不同节点对经费的使用与管理实现其价值。由此可见，如今的高校财务管理已发展成为在财务管理部门的引导下不同经费使用主体的协同管理。由于现在高校的经费来源与经费项目多样化的特点，不同来源与不同项目的经费会牵涉不同的使用主体，具有不同的性质与用途，应根据其各自的使用要求和规范进行分别化的管理，这也构成高校财务管理网状结构的一个重要成分，以上变化决定了高校财务管理不再只是一项单纯的、孤立的技术事务和业务活动，而应形成一种由多主体参与的网状化财务管理结构。

十、财务创新团队环境

目前高校财务创新团队存在以下几个方面的问题。

第一，工作目标不够清晰、工作规范不够明确。财务工作目标从长远看是财务工作规划，从近期看是年度、季度、月度工作计划。财务目标的制定不仅要考虑长远的工作规划，更要考虑财务管理现状、机构设置、人员素质等多个方面。目前，高校的财务工作目标并没有真正与财务管理的实际紧密联系，没有切实落实到每个财务人员工作的实践中，没有真正成为财务人员日常工作的指导原则，这就导致了各岗位、各科室之间的认同、协作能力较差，没有分享、评价和沟通，不利于整体财务目标的实现。工作规范是工作指南和考核依据。缺乏明确的工作规范，往往导致个人的努力方向与团队整体方向不统一，财务工作是一个整体性的工作，任何一个财务人员的工作不到位都会影响团队的工作效率，造成大量的人力和物力资源浪费。

第二，人员结构、人员配置不够合理。随着高校财务管理工作的加强，财务人员的素质也有所提升，但高级财务管理人员少，后备力量补充不足，专门的经济管理、财务管理类人员缺乏，老、中、青结合的梯队建设不合理的现象依然存在。长期以来，财务人员相对固定，竞争观念弱、危机意识差、流动性不强导致财会人员在现有的岗位上进行着长时间的循环、反复操作，财务工作缺少创新，高校在财务科室规划、人员配置方面没有充分调动和发挥财务人员的主动性和积极性。责任往往无法落实到个人，当出现问题容易发生相互推诿、相互扯皮的现象。财务人员个人规划与财务目标不能很好地结合，财务人员岗位单一，轮岗制难以实现，导致业务技能单一，不利于财务人员的长远发展。

第三，激励、考核、培训机制欠缺。激励是提高效率的重要途径，缺乏激励、考核机制是目前财务工作效率低下的一个重要原因：没有技能考核，年终考评也流于形式，导致缺乏竞争；工作成果与奖励、收入不挂钩，导致"干多干少一个样"，无法激励财务人员的上进心与进取心；没有"奖勤罚懒"机制，导致工作中出现互相观望的情绪，影响了工作效率的提高和工作目标的完成；缺乏长期有效的培训机制，财务人员自觉学习的意识淡薄，更多的是出于短期的利益性学习动机；没有建立终身学习的意识，财务人员整日忙于各项日常事务，如报销、收费等，没有激励、考核、培训，再加上安于现状，没有忧患意识。这些都不利于高校财务管理人员业务水平的提高，使其很难在工作中实现创新。

第五章　高校财务管理理念和观念的创新

本章内容从理念和观念两个方面探讨高校财务管理创新。由于高校财务管理理念和观念很难严格区分，因此，本书将与广义会计直接相关的界定为财务管理理念创新，其他的界定为财务管理观念创新。

第一节　高校财务管理理念的创新

本节内容将探讨高校财务管理理念的创新，包括市场主体理念，全面核算理念，成本与收益理念，筹资与风险理念，全面预算理念，资产质量理念，投资、资本成本与时间价值理念，内部控制理念、财务审计与财务公关理念，财务决策分析理念。

一、市场主体理念

时至今日，仍然有不少人士尤其是高校内部的教职工还存在这么一种思想观念：高校是非营利的事业单位，其应该主要从事人才培养和科学研究，是社会再生产中的精神产品生产部门，它属于公共产品，教育事业是社会公益事业，其所需要的办学经费应由国家财政拨款提供，并不需要与市场有过多的接触，更不应该把高校作为市场主体来看待。

根据公共产品理论，社会产品根据其特性可分为公共产品和私人产品。其中，私人产品具有竞争性、排他性、独占性，必须等价交换才能取得或享用；公共产品具有非竞争性和非排他性，但具有外部性（非独占性），通常不需要按照等价交换即可取得或享用。教育具有公共产品的属性，属于公共产品范畴。但教育有基础教育和高等教育之分，其中，基础教育具有完全的公共产品属性，是纯公共产品；高等教育具有较大的外部性、竞争性和排他性，属于混合产品或准公共产品。高等教育有利于提高一个国家、一个民族的科学文化素质，促进社会进步和经济发展，也能够使受教育者由于个人科学文化素养的提高而在将来获得更多货币、非货币收益，具有很强的外部性。而且，我国现阶段高等教育资源仍比较稀缺，政府无法为适龄青年提供普遍上大学的机会，这就使高等教育具有了明显的竞争性。所以，作为一种准公共产品或混合产品，高等教育经费必须由政府、社会和受教育者个人共同提供，即应建立合理的教育成本分担机制——政府提供高等教育运行和发展的基本经费，社会公众和企业组织通过捐赠等回馈支持高等教育，受教育者通过缴费上学适当补偿办学成本耗费。

现代大学具有人才培养、科学研究、服务社会和文化传承的基本功能，这种功能已经成为全社会的共识。人才培养是大学的核心工作和基本职能，科学研究是大学的重要职能，也是人才培养的重要载体；服务社会是人才培养和科学研究功能的延伸，而文化传承则是大学传播知识、引领社会发展进步的不可替代功能。大学的这四大功能相互联系、不可分割，而且这些功能的发挥都需要耗费各种资源。大学作为非营利性事业单位，要履行好这四大功能，必须有相应的渠道取得必要的资金和资源。人才培养作为大学的基本功能，通过教育成本分担机制分别由政府、社会和受教育者共同分担和提供，但人才培养的数量与质量、种类与结构都必须符合经济社会发展的需要，这样政府和社会才会提供资金予以支持，受教育者才愿意付费接受高等教育。科学研究作为大学的重要功能，除了要符合科学技术发展规律、探索科学前沿外，还要对经济社会发展需要进行应用科技开发、解决现实经济社会发展问题。政府和企事业单位设置的研究项目都是有明确目标指向的，高校必须向政府和有关部门单位申报研究项目，才能取得相应的研究经费支持。社会服务作为人才培养、科学研究功能的延伸，高校要利用人才密集、知识密集和信息资源等优势，通过向社会提供教育科技等服务，推动经济社会发展和科技进步，在服务中取得高等教育发展需要的资源。

可以这么说，在市场经济环境下，高校的各项办学活动都与市场密切相关，高校与政府、与社会、与企业、与受教育者的关系在一定程度上表现为一种供给与需求的关系。高校应树立市场主体观念，主动适应市场经济发展，不能只靠政府的财政拨款，而要多渠道筹集办学资金，一方面，必须充分发挥大学的服务社会功能，通过服务社会、服务经济建设，才能获取办学所需要的资金；另一方面，必须主动融入市场，根据经济建设和社会发展的需要，按照市场经济规律和市场规则，提供社会服务，取得等价的服务收入。

二、全面核算理念

高校从市场边缘走向了市场中心，也应遵循市场配置资源的机制，筹集更多的资金发展教育事业。公共服务的需求是无限的，而公共资源的配置是有限的，因此高校应充分利用学校资源多渠道筹集教育发展资金。高校应该全面核算学校资产，既包括有形资产，也应包括无形资产，充分利用学校各项资源，开展理财活动，发挥资源的最大效益。

由核算型财务向管理型财务转变。高校财务管理的创新首先是管理观念的创新。传统的高校财务管理是以"内外支付，报销记账"为主要内容的核算型管理，主要目标是把国家给的钱按要求管好，有多少钱办多少事，缺乏科学的财务资源配置，没有进行投资成本核算，不讲求资金使用效益。这种财务管理观念已不适应市场经济条件下高校生存和发展的要求。市场经济条件下高校财务管理必须树立资源配置观念、成本效益观念，实现由核算型财务向管理型财务的转变。所谓资源配置观念就是要有对有限的财务资源进行最合理最优化配置的思想，通过合理配置资源实现学校的整体发展；所谓成本效益观念就是要将办学成本与办学效益挂钩，以求以最小的投入获得最大的效益。管理观念的创新是财务管理创新的前提，必须引起高度重视。

三、成本与收益理念

强化投入产出与成本效益意识，不断提高办学资金使用效益。高校作为非营利组织，习惯于不计投入、不计成本，有成本最大化倾向。但在市场经济条件下，由于资源取得有难度，必须精打细算，强化投入产出、成本效益意识，不断提高办学资源的使用效益。

加强教育成本核算，树立成本效益观念。随着高校财务管理内容的更广泛，高校理应更加注重投入与产出之间的制约关系，将成本与效益更加紧密地联系起来。然而，我国高校普遍存在不重视教育成本核算现象，这主要与高校成本效益观念不强及采用收付实现制作为会计核算基础，无法将收入与成本费用进行配比有关。同时，许多高校在建设项目时，很少分析项目建成后的效益，大量的设施投入，取得的效益却很少，造成了本不富裕的资金还浪费了不少。因此，高校应树立成本效益观念，进行成本核算，根据投入与产出之间的经济关系，寻求降低教育成本的最佳途径，提高教育投资效益，力求以最少的投入获得最大的经济效益与社会效益。

"节约化"理念是实现财务管理人本化、规范化、科学化的思想理论基础。财务管理"节约化"主要体现在三个方面：一是预决算的精确性与稳定性。财务预算管理是实现"节约化"的具有导向性的措施，财务预算的准确性主要是指实事求是、以最大限度地节约不必要的各项开支，求得学校收支的总体平衡。二是日常财务管理的规范化。实现财务"节约化"管理，重在日常财务管理。严格执行国家有关财务规章制度所规定的开支范围和标准，厉行节约，杜绝不合理支出；严格支出审批程序；严格划分公私界限，对不合法或手续不完备的开支，不得虚列虚报。三是开展增收节支宣传活动。大力宣传资源节约工作的重要性，增强节约资源的紧迫感和以校为家的责任感，树立健康的生活方式和科学的消费理念，确立节约能源、保护环境的意识，养成良好的节约习惯。

四、筹资与风险理念

树立新的筹资观。高校办学资金筹集不再单一地依靠政府拨款，而应充分发挥高校优势，通过办学广开财源，树立以"开源节流"为主体的思想，克服"等、靠、要"的依赖心理，积极培植财源，增加学校财力。筹资观念的转变，表现为注重支出管理向注重收入管理转变。高校财务一方面要积极争取上级主管部门的支持，另一方面应积极主动地开拓新的资金来源，形成多渠道筹资办学的新格局。

树立新的筹资风险观。随着"银校合作"的发展，高校为谋求自身发展，负债运行，如果到期不能偿还本息，则会产生财务风险。即高校贷款是一把"双刃剑"，在给高校财务管理带来生机与活力的同时，财务风险也骤然凸显。有些高校对贷款的风险认识不足，致使贷款规模大大超出了自身的经济承受能力，贷款到期后不断地借新债还旧债。贷款金额越大，所付利息就越多，在事业收入一定的情况下，利息支出的增加必然减少人员经费和公用经费的支出，致使财务风险加大。因此，高校在申请贷款时，必须坚持审慎稳妥的原则，严格控制借款规模，落实还款渠道和计划，明确责任，树立财务风险意识。必须坚持"谁贷款，谁负责"的原则。高校的校长是高校的法定代表人，必须对作为贷款的主体高校所欠的负债负责，依法承担还贷责任。为了监督高校履行还贷职责，高校领导干部在经济责任审计中，已将高校对银行贷款资金的管理情况作为重要的考核指标。必须坚持效益第一的思想。高等教育事业是非营利的事业，具有社会公益的色彩。这种特性决定高校筹资过程一定要考虑成本，诸如银行贷款这样高成本、有偿性的资金只能作为高校多渠道筹措办学经费的必要补充。因此，各高校必须高度重视财务风险，坚持效益第一的思想，充分挖掘内部潜力，整合现有资源，减少贷款额度，降低贷款成本。另外，网络技术的应用和从事高科技产业的风险投资也会给高校带来新的风险。

五、全面预算理念

全面预算是在合理资源利用的前提下对企业生产、销售和财务等各环节的统筹安排，具有规划、控制、沟通、协调和业绩评价等多种功能，在高校中的具体做法是以货币作为计量单位，通过将各种业务开展转化为资金核算的方式进行统筹安排。在高校财务管理中运用全面预算可以实现高校资源的优化配置，提高高校的资金使用效率，并促进高校战略目标的达成。

六、资产质量理念

资产质量新观念。资产是财务会计领域的重要概念，过去高校在财务管理中对资产概念并没有准确的认识。《企业财务会计报告条例》第九条对资产进行了重新定义："资产是指过去的交易、事项形成并由企业拥有或控制的资源，该资源预期会给企业带来经济利益。"资产能够给企业带来经济利益，也即是利润的资源。这样就给了资产一个明确的概念，即资产的界定以能否带来收益为标准。现实中存在许多不能正确认识资产概念而造成损失的例子，如有的企业把大量借款当作自有资产，盲目进行扩张，由此背负巨额利息负担，当经营业绩不好时，企业就会遭受重大损失，更不能还清本息，使企业面临破产困境。也有企业自身拥有大量的净资产，却盲目投资，不能够有效地进行资本收益分析，大量的应收款无法收回，存货大量积压，使得企业的资产遭受损失。

融智高于融资新观念。根据"资产质量新观念"给"资产"下的定义：凡是一切有助于企业利润形成的资源都是企业资产。人力资源当然应被视为企业资产，而且是最重要的资产。"只要有了人，什么人间奇迹都可以创造出来。"说的就是人力资源的重要性。高校理财，既要融资，更要融智，且融智高于融资，要把那些有"丰富实践经验、卓越智慧才能、严格自我约束"的智力资源融通到高校，形成具有高附加值的人力资本。

七、投资、资本成本与时间价值理念

使用权高于一切的投资新观念。控制权和使用权哪个更重要，这个问题一直有较大的争议，中国人往往更重视控制权，西方则更看重使用权。在企业的经营管理中，在一定的条件下，需要对使用权给予更多的关注。因为企业的自身资源是有限的，不可以对各种设备、厂房都进行购买然后再使用。有的企业看重了一种投资项目，于是投资大量资产，上厂房、上设备，但当厂房、设备购置齐全时，投资的项目却由于市场变化而没有了使用价值，这样造成了资产的闲置和浪费。企业应该根据主客观条件，选择购买还是租赁设备进行使用。随着市场的发展，各种融资租赁和经营租赁大量涌现，为企业的设备使用提供了多种条件，企业需要有效利用这些市场化方式，把有限的资金投入真正需要购买的设备等资产。高校在运营中，同样需要借鉴企业所运用的方法，在教学设备、设施的使用上充分利用市场上的各种资源。

资本成本新观念。我们通常把资本成本定义为企业取得和使用资本时所付出的代价。根据这个定义，企业取得和使用资本时才付出成本，这种观点是片面的。根据 MM 定理，企业的融资顺序为留存收益、债券融资，最后才是股权融资。因为企业的成本不仅包括取得和使用资本的成本，还包括各种机会成本。企业在经营管理中一定要注意机会成本的概念，对资源进行有效利用，避免各种浪费行为，因为资产的闲置也是有成本的。高校在财务管理中，应树立资本成本新观念，对各种资源充分利用。

资金的时间价值。资金在使用过程中随着时间的延续而发生增值，它是以商品经济高度发展和借贷关系普遍存在为前提的，它成为现代企业财务管理考虑的重要因素。在高校财务管理中引入资金的时间价值概念可以真实客观地反映出其资产的真正价值，把引入金融机构贷款或 BOT 模式固定资产产生的贷款利息等超出构建成本的支出计入构建成本中，改掉在预算中用资本性支出中的财务费用进行支出的旧习，减小构建成本的核算决策的偏差，可以实现对高校资产的妥善使用。

八、内部控制、财务审计与财务公关理念

内部控制理念。高校财务管理的内部控制工作不仅是"不做假"，还是涉及财务活动的全过程。高校内部控制工作不仅涉及财务人员或者后勤人员，也涉及所有经济活动的参与者——所有师生员工。内部控制理念的创新要求把内部控制规范化，做好资产保全工

作，保证财务报告的真实性，为提高高校管理的效率和效益服务。

财务审计观念。财政经费不足是多年来困扰我国教育事业发展和高校发展的重要因素，把审计的重点放在各项收费的合法性、合规性和各项收入资金的使用效率上，围绕目标责任、管理责任、法律责任开展审计。及时对领导者进行离任经济责任审计，公正、客观地对其任期内的业绩做出评价，能有效地遏制违法违纪行为，达到促使现任领导者或继任领导者继承和发扬原有成绩、改正不足、谨慎负责、廉洁自律，防止国有资产流失等目的。在做审计结论时应做到不唯上、不偏信、实事求是、公正客观、统揽全局、综合分析。

财务公关观念。财务人员对外要多方沟通，特别应加强与财政、税务、银行、物价及上级业务主管部门的联系，以便得到他们的指导和支持。对内应与校领导、相关处室、部门、办公室、内部审计等部门加强沟通，以便在工作中得到他们的理解和配合。由于财务部门处于监督、控制与服务的位置，往往会因为与经费使用部门的看法不一致而引起异议，这时，我们可以换位思考，设身处地为其他部门设想达到最佳工作业绩所必需的条件，使自己的财务管理决策更加科学有效。

九、财务决策分析理念

加强财务分析，树立决策观念。目前，不少高校财务工作仍停留于传统的"报账型"会计，局限于记、算、报，对内、对外只能提供有关的历史数据和基本信息。工作流程侧重事后监督，相对忽视了事前预测、事中控制、事后分析。财务管理只停留在对财务数据的核算上，而没有深入地对全校财务活动进行预测和分析，也就是说重核算、轻管理、缺分析。随着高校自筹资金比重的增加和资金使用自主权的扩大，学校要科学地进行财务相关的决策，要求财务管理部门树立决策观念，客观地总结学校财务管理经验，认识和掌握财务活动规律，降低学校重大决策的财务成本，为学校的健康、可持续发展当好财务顾问。一是高校承受着扩大规模与提升层次的双重压力，在这样的情况下，高校加快了推进管理机制创新与防范潜在风险的进程，要求现有财务管理具有分析处理复杂性、综合性、精细化的能力。二是长期传统财务管理形成的记、算、管的旧有模式依然存在，而如今的高校管理急需财务部门提供极具参考价值的信息数据，对高校的财务管理提出了更加严峻的挑战，对财务信息的管理决策分析需求异常迫切，财务管理尤其是信息数据的分析决策应用势在必行。所以，成本性态分析、成本效益分析、现金流量分析等差量分析方法被高校的财务管理部门广泛应用，高校的管理更加重视财务预测功能，重视财务规划的编制和完善。

第二节　高校财务管理观念的创新

本节内容探讨高校财务管理观念的创新，包括战略目标与全球化观念，经营与价值创造观念，知识资本化观念，信息化与网络化观念，学科发展观念，科学化与精细化观念，竞争与合作观念，以人为本、监督服务与全员参与观念，职能与责任观念，可持续发展观念。

一、战略目标与全球化观念

战略目标观念。高校财务管理应处理好"收"和"放"的关系，把握好"集权"与"分权"的度，实现"官闲民乐"的"窗户管理"。这样就需要高校以战略目标管理为手段，将资源配置、资金使用与学校发展战略目标有机融合，避免盲目地追求短期利益。也就是说，预算安排投入每项资金都应有其特定的目标，达到一定的预期效果。同时，高校财务管理也需要深入绩效预算的理念，绩效预算能有效地将分级管理、战略目标管理关联起来，有效控制教育成本。

全球化观念。树立全球化视野、世界眼光和开放观念，在世界市场上同台竞技。随着信息时代、经济全球化时代、网络经济时代及地球村的出现，使我国高校在国际间的交流与合作更加广泛。学校之间会计业务的联系，是业务的一种融合。信息化的快速发展，为学习其他国家的先进经验创造了条件。网络技术运用到财务管理工作之中，是财务管理手段的一大飞跃，大大提高了会计核算的效率，提高了财务管理水平，拓宽了财务人员的视野。为此，作为高校的管理人员，特别是财务管理人员，必须树立网络财务管理的观念、全球化理财观念和信息理财的观念，放眼世界市场，主动参与国际竞争，充分利用网络技术和信息资源，为学校的财务决策提供科学的依据。

二、经营与价值创造观念

（一）经营观念

高校也是一个经济实体，由于资源的稀缺，任何组织的资源都是有限的，学校各项事业发展都需要资源投入，这就需要科学地配置资源，盘活存量，使有限的资源发挥出最大的效用。

高校财务管理是高校内部管理体制中的重要组成部分。将"经营运用到高校财务的建设与发展中，便是高校财务经营"。所谓高校财务经营，是指高校在一定的社会经济条件下根据自身的价值取向，依据所处时代经济社会运行的机制和规律，构建财务管理体制、运行机制和控制体系，调整和修正高校与社会其他组织的关系，使高校真正成为经营主体并取得最佳社会效益和经济效益。

大学经营观念的内涵并不是追求利润的最大化，而是根据高校办学的目标，对其所拥有或控制的资源进行整合、配置、优化，达到提高资源使用效率和效益的最大化。大学经营观念是对高校办学的一个整体谋划和精心运作的一个过程。其核心观念是在高校的财务管理中树立成本、效率、经营意识，努力降低财务管理成本，改善办学条件，提高资源配置效益，促使高等教育事业又快又好地发展。

高校财务经营具有必要性和紧迫性。①理财环境的变化要求高校进行财务经营。高校理财环境是指高校进行财务活动时所面临的对其产生影响的各种因素的总和。随着市场经济的发展和知识经济时代的到来，特别是教育国际化的发展，高等教育市场的竞争将日趋激烈。高校理财环境发生了巨大的变化。第一，高等教育体制的改革。《中国教育改革和发展纲要》明确提出高等教育体制改革的目的是要理顺各方面的关系，逐步建立政府宏观管理、学校面向社会自主办学的体制。高校办学自主权的扩大、法人地位的确立要求高校转变办学模式，增强自主经营的能力。财务经营在高校中的重要地位日益凸显，要求高校财务运行体制相应地做出重大改革，建立与之相适应的财务经营模式。第二，高等教育规模的扩大。近年来，我国高等教育规模迅速扩大，实现了高等教育的跨越式发展。但是高校的扩招意味着要加大对建设和发展的投入。在国家投入很难有较大幅度增长的情况下，高校必须进行财务经营，开源节流，将有限资金发挥出最大效益。第三，高等教育市场的发展。高等教育经费来源的多元化，决定了高校财务管理内容的复杂性，既不是单一的企业型财务，也不是单一的事业型财务。高等教育市场的发展要求高校财务转变观念应树立市场经济观念，重视教育成本，进行财务经营，构建投资与收益的运行机制，并对财务风险进行预测与控制。②财务现状要求高校实施财务经营。第一，目前高校财务管理体制不尽完善。现在大部分高校施行以财务处为全校财务管理机构的单层级体制，这样做一方面不能很好地协调各部门的关系；另一方面也使个别单位滋长了"小团体"思想，亏了向学校要钱，而赚了则向学校少交甚至不交钱。更为严重的问题是会计资料严重失实，无法真实地反映本单位的财务状况和经营情况，这容易造成财务管理上的漏洞，使国有资产流失，产生腐败现象。第二，目前高校的理财与效益意识淡薄。普遍存在财务会计重核算、轻管理，缺少分析。许多高校重钱轻物、重购轻管，理财意识不强，不注重利用自身优势、挖掘自身潜力，智力资源和科研优势没有得到充分、合理的开发。第三，目前许多高校负债已不堪重负。综上所述，大学需要经营，大学的财务更需要经营。严峻的财政挑战是世界高等教育所面临的共同问题。高校扩招与合并、办学资金短缺、经济全球化与教育国际化等客观现实对大学的管理提出了更高的要求，办大学不仅是管理大学，更重要的是把市场机制和理念引入办学体制，从管理学校向经营学校转变，树立成本效益观，在目前政府投资有限的情况下，努力经营财务，整合财务的核算、管理和经营功能，科学高效地利用好资金与资源，实现教育资源的战略配置和灵活、机动、快速的决策，构建效率与效果相结合的大学财务经营机制。要树立高效的经营观念包括以下几个方面的内容。

1.将充分应用预算机制纳入财务管理方面的经营中

财务预算作为财务管理中的一个环节，是财务管理发展的关键，应不断地发展、创新预算管理。将财务预算纳入经营性观念中，用经营性观念来指导学校管理人员的行为，促进预算的创新发展。预算的发展可以带动高校财务管理的发展，以争取向上级部门申请到更多经费用于学校的建设。有效的财务预算报告会使学校的发展规划与学校的资金供求更好地形成对接，使学校教学的发展有充足的财力保证。

2.将财务分析纳入财务管理方面的经营观念中

高校财务分析是指财务部门运用特定的方法通过本年度的财务预算、资金收支、资金使用方向等方面全面地对本校的财务情况进行有效分析，确保财务管理工作有效地进行，是财务管理工作中尤为关键的环节，直接影响到学校资金的流向以及学校的发展。将财务分析纳入经营观念中来，使财务分析受到更多的重视，促进财务分析在各个高校的发展及应用，帮助管理层做出有利于学校发展的决策。

3.将高校财务管理目标的创新纳入经营观念中

财务管理作为高校工作的重要板块之一，要不断地促进高校财务管理工作的方法以及效率的发展，将财务管理工作纳入高校经营观念中，为财务工作创造发展的动力，使财务管理工作更加平稳健康地发展。

4.将高校会计人员管理创新纳入经营观念中

高校的会计人员是高校会计信息的收集者，也是会计信息的加工者。有效提高高校会计人员的素质，可以提高会计信息的准确性、真实性以及有效性，将高校会计人员的管理纳入经营观念中，可以有效地对会计工作者进行管理，有效地提高会计人员的工作积极性。

（二）价值创造观念

1.将高校财务管理建立在价值管理的基础上是必要的

首先，高校的生产活动也可以用"投入—生产—产出"这样的链条来表示。高校的产出如科研成果或毕业生等，都表现出了高校生产活动的社会价值的实现，但是与企业不同的是，"投入—生产—产出"过程很难描述像高校这样一个组织的生产全过程。受货币计量的限制，传统的高校财务会计仅仅局限于收入支出和结余的计量，实际上只是记录了一个资源消耗的过程（还很不全面），在传统的高校财务会计体系中对产出是没有任何体现的，对投入产出以及成本效益的分析难以进行。对于高校这样以无形资产和人力资产为主要产品的组织，需要打破传统的货币计量的约束，将财务管理建立在价值管理的基础之上。另外，大学办学的资源总是稀缺的，大学之所以为大学，就应该是培养人才、创造知识以及服务社会的。正是由于资源的稀缺，使大学首先要解决的是生存问题，因此价值管理就被提上了日程。

2. 将高校财务管理建立在价值管理的基础上是可行的

大学的活动可以按照"投入—生产—产出"过程进行价值链分析。投入是指包括人、财、物在内的各类资源的投入或消耗，生产可以根据大学的基本功能分为人才培养、科学研究和社会服务三类生产过程。大学在运转下完成基本价值活动（生产知识产品、精神产品、学生"产品"）和附加价值活动（形成大学精神、校园文化）。大学作为利益主体可以分解为相互联系的不同活动单元，这些相互联系的活动单元构成了价值链，对价值的管理就是对资源在价值链上的转换和增值的分析。"产出"是整个价值链分析的关键，对产出的定义关系到对生产各环节价值贡献的评价。

三、知识资本观念

在知识经济时代，科学技术就是生产力，而且科学技术已经成为经济发展的决定性因素。科学技术资本化得到社会的普遍认可，成为推动经济发展的决定性力量。而担负着高科技人才培养重任的高校，首先要有社会知识创新、科技创新、管理创新的意识，重视知识经济的发展，强化知识资本观念，能对科技发展的人力资源成本和价值进行科学确认与计量的财务管理工作在高校管理工作中占有重要地位。创新高校财务观念，更要注重知识资本的开发和管理，提高知识资本的使用效益，使知识资本的管理成为未来高校财务管理的重要内容。

目前，知识资本已成为现代社会的核心资本，成为推动经济发展的决定性力量。高校作为人力资源培养的"摇篮"，作为社会知识创新、科技创新、管理创新的发源地之一，更应强化知识资本观念，加强对人力资源成本与价值的科学确认与计量，加强对人力资源的核算、管理、整合与利用。

四、信息化与网络化观念

信息化观念。21世纪是信息化的时代，信息技术已成为主宰社会经济发展的强大力量。作为高校的财务管理人员，要积极树立信息化观念，要以财会电算化为龙头，全面启动高校财务信息化管理工程，要以信息集成、资源共享、平台共用的现代信息化观念实现高校的财务信息流程再造，以便为高校发展提供科学、及时的预测、决策信息。要高度重视校内和校外经济信息的全面性、准确性，这对财务管理的有效性具有非常重要的意义。

网络化观念。网络技术的飞速发展，为高校财务管理提供了高效率的操作平台，并以此为基础产生和发展了网络财务，实现了财务与业务的协同，最大限度地节约了资源。因此，高校财务管理人员要适应网络环境的变化，牢固树立网络化观念，要充分利用信息网络，形成信息交流机制，提高信息共享程度，为高校提供全面的战略信息和财务报告。数字化、信息化和网络化是当代社会的一个显著特征，集成化、标准化、流程化的管理成了今后财务管理工作的发展趋势和方向。在高校规模化及分级管理体制下，需要结合信息技术和网络技术，实现财务数据的有效采集与挖掘，达到科学化、标准化、精细化的财务管理模式，为管理决策搭建信息沟通平台。

五、学科发展观念

（一）符合事权、财权相统一的要求

财政理论认为，事权与财权应该是统一的，这是因为财政分配关系是财权与事权的统一体，事权是财权的基础，是取得财权的依据，而财权是行使事权的物质基础和重要保证。既然学科要完成所承担的职责，就必须占有一定的资源并拥有一定的财权。办学的基础在学科，预算管理体制的重心就应当下移到学科，这样才能做到事权与财权相统一，才能进一步调动基层的办学积极性。

（二）兼顾公平与效率

基于学科发展的大学理财新制度将经费分为基本建设经费、日常运转经费和学校发展经费。在保证了学校的日常运作需要的情况下，保证了大学各部门、各院系、各学科的稳定协调，并保证了大学知识传播的实现；同时又在学科经费使用上给予基层学术单位一定的权力，让学科带头人根据本学科发展的需要，围绕知识的发现和应用，进行规划和预算，有计划地引进人才、培养人才，购买先进的学术资料和设备，加强学科日常运作管理，并根据学校规划进行预算分配，促使各学科协调发展。通过对弱势学科的扶持，保持传统学科的优势，实现经费分配上的效率和公平。

（三）有利于提高大学资金的使用效率

在传统理财模式下，学科、学院的队伍建设、人才引进依赖学校，学科、学院则不用或很少考虑这方面的计划，缺乏求贤的紧迫感。在学院自主理财的基础上，实行基于学科

发展的现代大学理财制度，会增强学科、学院抓好教师队伍建设的迫切性，使学科带头人具有一定的财力支配权、使用权，使学科有了引进人才、培养人才的调控手段，可结合各自学科不同发展阶段的特定需要，自主安排部分资金，引进短缺的学术骨干，调整、优化学科学术队伍的结构，让学科及其负责人做到"花自己的钱办自己的事"，以达到最大效率，使学科、学院和学校的运行都能进入一个良性循环的状态。

（四）有利于提高学科的组织化程度

基于学科发展的现代大学理财新框架，将赋予学科负责人相应的财权，并需要进行科学、合理的学科预算，有利于提高学科这一现代大学基层组织的组织化程度。学科组织化程度提升之后，必然能更好地促进学科的发展，有助于更好地实现现代大学的功能。

六、科学化与精细化观念

（一）科学化、精细化财务管理的概念和内容

目前，现代管理学界将科学化管理划分为三层：第一层是规范化，第二层是精细化，第三层是个性化。精细化管理理论源于 20 世纪 50 年代的日本，它既是一种企业管理理念，又是一种文化。它是一种分工的精细化，是一种以最大限度地减少和降低管理成本为目标的管理方式。财务管理作为高校管理的重要组成部分，其精细化管理是高校管理的核心。精细化财务管理体现在"细"字上，它是以公立高校全面预算管理理论作为基础的，它要求财务管理工作做到细致入微，对高校的各类办学经费进行按照不同部门和不同项目进行单元细划，具体说就是落实责任，将责任具体化，针对各个岗位和每一项实际业务都建立细致的工作流程、业务规范。在具体实践过程中精细化财务管理落到实处，将财务管理延伸到高校的各个领域，运用财务监督职能，实现管理零死角，以最大限度控制高校的各类办学经费，提高潜在的价值，以达到提高效率和效益的目的。现阶段，高校的精细化财务管理的前提是财务风险控制，这种管理方法在运用中以国家的相关法律法规为指导，以"精雕细琢、精打细算、精益求精"为理念，在实际操作中将高校精细化财务管理划分为若干子系统。

1. 管理理念

高校首先要对精细化财务管理的出发点做出科学的决策，实现公立高校的资源优化；运用精细化的财务管理手段第一时间发现财务风险，同时加以预防，设计量化的财务管理指标，实现对高校的财务风险的掌控，完成财务管理组织机构多元化的设置。

2. 管理目标

以科学控制和严格监管作为基础，对高校的财务管理的每个岗位和项目都建立起科学、精确的目标和指标控制，使高校各部门都参与进来，实现高校各管理部门、管理层次和管理环节的财务管理目标标准化、明晰化和精确化。

3.管理专业化、系统化

根据高校财务活动的特性和范围，不但要统筹全局，也要突出重点，特别是要关注内部控制、经费项目管理等重要环节，才能客观地反映财务状况。总体而言，精细化财务管理是一个内容涉及广泛的信息系统，涉及高校财务活动的各个方面，如预算管理、会计核算、项目管理、内部控制、事后监督、绩效考核等，任何一个方面出现问题都会导致管理工作出现偏差。

（二）科学化、精细化财务管理的必要性

第一，科学化、精细化财务管理是高校落实科学发展观在财务管理方面的具体体现。构建高校财务科学化、精细化管理是落实科学发展观的必然要求，是建立与完善公共财政体制和现代大学制度相适应的高校财务管理体制的必由之路。

第二，科学化、精细化财务管理是高校改革发展的内在要求。改革开放以来，中国高等教育迎来了前所未有的发展，但在行政主导、教育官员化的现实中，教育经费一方面资金短缺，另一方面财政资金浪费严重，各种财务违规、贪污、犯罪等现象出现，构建科学化、精细化财务管理是高校实行自主改革发展的关键要素之一。

（三）科学化、精细化财务管理的措施

第一，建立科学的财务管理机制，使财务规章制度精细化。高校财务作为高校工作的重要模块，科学化、精细化管理是建立在高校自身改革的大环境之中的。在目前的新形势下，国内外政治、经济环境多变，高校的改革迫在眉睫，与此对应的是对高校财务管理水平的要求越来越高，高校财务管理必须适应公共财政体制改革以及高校内部自身改革的不断深化。先进的公立高校财务管理，要求以新的思维方式，从更新、更高的角度对公共财物行为进行由理念到行为的全方位管理革新。在科学化、精细化管理目标的总体指导下，需要对管理工作制定具体的措施，不断健全和深化各项管理制度，比如，预算制度、国库集中收付制度、政府采购制度、内部控制制度等。在实际工作中，通过厘清财务体系和优化管理手段等方式来实现财务规章制度的精细化，首先要收集理顺每个层面的规章制度、操作细则和具体管理办法。高校的规章制度、操作细则和具体管理分成四个层面：国家的相关法律法规，如《中华人民共和国会计法》等；行业规范和准则，如《高等学校财务制度》《高等学校会计制度》等；地方相关财务制度和具体管理规定，如《××省省级预算单位公务卡管理暂行办法》等；高校结合自身实际制定的校内管理制度和实施细则、岗位

职责、工作流程、人员责任考核标准等。形成层次清晰、指导性强、全面系统的财务制度体系，使财务管理工作制度化、规范化和科学化，做到财务管理工作有章可循、有据可查、责任到人。

第二，健全监督机制，使内部控制制度精细化。高校内部控制不仅是财务部门的内部控制，而且是整个高校管理体制和管理框架下的控制。针对高校内部控制现阶段存在的问题，应从以下几个方面完善公立高校的内部控制。①建立内控框架。公立高校应该优化内部组织架构，加强制度建设，科学地划分各管理部门的权限和职责。②加强货币资金管理。内审部门不定期进行抽查核对，定期向校级管理层汇报大额资金流向和用途。③强化固定资产的管理。坚持和完善固定资产定期清查制度，建立固定资产使用效益评价制度，定期对大型仪器设备的使用效率进行评估。④完善物资采购制度。加强对采购前的评估和论证，进一步完善招投标管理制度，保证招标采购活动真正做到公开、公平、公正。

第三，运用科学的预算编制方法，使预算编制精细化。高校的部门预算编制是一项政策性很强并且细致、复杂的工作，预算编制精细化的前提是编制依据和编制方法的科学化。首先要做好预算编制前的准备工作，要分析上年预算执行情况，仔细核实各类基础数据，正确领会财政部门对编制部门预算的要求，制定出科学的预算定额。制定各类预算定额是预算精细化管理工作的关键。以上各类定额标准的设置，不是高校财务部门能够独立完成的，这项工作需要学校各个部门配合来共同完成，如人员经费定额标准由人事部门来制定、设备定额标准由国有资产管理部门来制定、图书定额标准由图书馆来制定、专业课程建设经费定额标准由教务处和院（系）来制定、维修定额标准由基本建设部门制定等。预算定额可以根据需要，分析支出结构和结余情况合理调整，如对保障学校教学质量的学科建设和专业建设经费的定额，可以根据学校的发展和财力的实际情况进行适当的调增等。又如学校在使用节能灯后，可以调减日常公用经费中的电费定额等，为预算的科学、合理和透明的精细化编制创造条件。

第四，构建预算绩效评价指标体系，使财务绩效评价精细化。高校经费预算绩效评价的基本内容主要包括经济性、效益性、有效性和适当性等。绩效评价的方法主要包括支出效益分析法、目标结果比较法等。通过建立预算绩效评价体系，将高校的各类经济活动行为纳入监督管理范围，有效规范各类财经行为，提高各类资金的使用效益。高校的预算绩效评价指标体系的构建应以提高经费使用效益为目标，使高校有限的经费发挥最好的经济效益和社会效益，以推进公立高校各项事业可持续发展。高校应该逐步建立一套完整的预算支出绩效评价考核制度，将预算编制、执行同效益挂钩，将各部门预算编制的准确性和及时性，以及预算执行结果同部门年度考核挂钩，运用绩效评价考核指标体系，实现高校预算事后监督管理的精细化。

第五，大力推进财务管理信息化建设，使财务信息精细化。科学化、精细化财务管理的重要落脚点是利用现代信息化手段来改进目前的高校财务管理系统。只有充分发挥信息化的作用才能有效降低财务运行成本，实现资金申请与审批网络化、财务月报网络化、预警提示自动化、数据查询便捷化等基本功能，才能以较小的成本提高财务信息的透明度，提高资金使用效率以及实现有效监督。

七、竞争与合作观念

竞争是现代经济的标识，而竞争归根结底是成本的竞争。高校的实质就是生产高素质人才的特殊企业，既然是企业，同样也需要竞争，也需要加强管理，获取收益。这就要求建立适合高校自身特点的管理体系，为了获得收益，要最大限制地控制成本，而高校的成本主要为固定资产设备、日常零星开支、折旧维护费用等。如何控制才能使成本降到最低？主要是节约开支并最大限度地获取收益。同时，在日趋激烈的市场和人才竞争中，高校要争取个人、机构、企业、国外高校的多方面支持与参股合作，获取国际经验，不断地增强高校的竞争力。

高校还要建立竞争与合作相统一的理财观念。在知识经济时代，一方面，信息的传播、处理和反馈的速度以及科学技术发展的速度均越来越快，这些方面的快速发展必然会加剧竞争的激烈程度，哪个高校在信息和知识共享上抢先一步，便会获得竞争的优势；另一方面，信息的网络化、科学技术的综合化和全球经济的一体化又必然要求各高校之间要相互沟通和协作，这就要求高校财务管理人员在财务决策和日常管理中善于抓住机遇，不断增强自己从容应对挑战的能力，在激烈的市场竞争中趋利避害、扬长避短。

八、以人为本、监督服务与全员参与观念

（一）以人为本观念

树立新的"以人为本"观念。以人为本是高校新时期财务管理的客观要求，是促进高校财务管理水平提高的关键。高校的每项财务活动都是由人发起、操作或控制的，其成效如何也主要取决于人的知识和智慧及人的努力程度。要理解人、尊重人、把对人的激励和约束放在首位，建立责、权、利相结合的财务运行机制，充分挖掘和发挥人的潜能，调动人的创造性、积极性和自觉性。高校财务管理只有树立"人本理财"理念，才能充分发掘人的潜力，充分调动其工作积极性，创造和谐的财务环境。高校财务人员有时候将监督与服务对立起来，没有在监督中做好服务、在服务中做好监督。高校应该变被动服务为主动服务，树立监督者也要被监督的理念，用换位思考的方式处理业务，营造出良好的理财气氛和服务理念。树立以人为本的理念，高校财务人员要齐抓共管，高度重视人的主体性，在考虑教职工利益的前提下，坚持民主理财、科学理财，以促进学校各项事业健康协调发展。在分配制度上要打破过去的平均主义思想，要拉开部门与部门之间的分配距离，创收与不创收不能一个样，效益好与效益差不能一个样，调动全校广大教职工参与各项办学创收活动的积极性。开源增收，堵漏节支，以增强学校办学整体财力。

充分具备主人翁意识。高校财务管理工作应该具有面向社会、面向未来的思想，为提高高校的办学质量以及获得更多的科研成果而服务，同时也要为高校走出国门、跻身世界

性高校前列做好准备，这就要求高校尽快改变以往的单一制管理模式，追求资金来源的多样化，为高校自身的发展奠定坚实的物质基础，并能够为广大高校师生提供优质的生活、学习环境，为高校的智力成果的取得提供后勤保障。另外，应给予财务管理工作人员必要的深造和与外界交流的机会，以增强高校财务管理工作人员自身的工作素质与职业道德，也可以汲取其他院校的财务管理经验，为高校自身的发展提供新的财务管理方法，进一步提高服务质量和办事效率。

（二）服务观念

第一，服务观念的含义。高校财务服务是指高校的财务部门基于单位的发展计划和经济状况，根据财务管理要求对预算内、外资金的筹措、计划、组织、使用、监督和调节，通过收、支会计核算，增收节支，为学校各部门开展业务活动提供资金支持，加强财务预算管理，促进高校教学、科研等工作顺利开展。服务观念需要财务会计人员树立财务服务观，从高校改革发展的实际出发，为各部门提供优质服务，尽量取得各部门的高度重视和大力支持，这样才能保证财务管理创新的顺利实施。高校财务服务观念，实际上就是在法律、法规和规章的框架内，财务部门对于自身提供劳务所追求的价值目标以及其中的价值标准。不同高校的财务部门对财务服务观念有不同的解释与认识，比如，有的高校以"诚信、高效、严谨、热情"为服务观念，有的高校以"首问、专业、务实、进取"为服务观念，但基本可以归纳为"平等、自由、关爱、专业"八个字。即高校财务在记录会计信息方面需要做到高效、准确、及时、严谨，体现出专业化的特点，平等待人，处处体现出对师生的关爱，实现个人与集体、社会的共赢。随着高校二级财务管理的不断深化，高校财务的服务观念又有了进一步延伸，高校财务为学校发展提供财务服务的同时，与学院及各部门通过多方面的合作，制造一种相互信任的环境，逐步建立一种伙伴关系、顾问关系和监控关系。财务处的基本目标就是与学院及各部门共同合作，为其提供专业财务管理知识，做好财务咨询服务；按照财务管理制度对其经济行为进行合理有效的监管，不断提供财务服务，促进大学完成自己的使命。

第二，服务观念的特点。①服务对象的广泛性。政府和社会力量是高校的主要投资主体，是高校财务部门直接面对的客户，也是高校重要的服务对象。高校财务通过自身的服务，使投资者的资金得以有效利用，为投资者"当好家、理好财"。高校财务人员对内的服务对象是校领导及各二级学院、全体师生。为学校领导的决策提供科学依据，做好参谋服务；为二级学院提供专业的财务管理知识，做好财务咨询服务；为教学、科研做好服务，有效地利用好学校资源。此外，高校财务在对外发生经济往来活动中，要向上级教育主管部门及财政部门提供各项服务，如及时提供各种财务信息数据、报送各种统计报表以及学校预算、决算情况；协助上级教育主管部门做好高校教育收费的监管服务；按税法规定，加强学校各项税收管理，为税务部门加强税收管理服务；为科技部门监管好科技经费，提供信息服务。②服务手段的现代化。随着财务信息化建设水平的不断提高，高校财务已基本实现会计电算化。③服务质量的可变性。高校财务人员在提供财务服务的过程中，因财务人员的业务素质、道德修养以及对财务政策的理解和认识不同，不同人对同一事情会有不同的服务效果，会产生服务差异。④服务内容的多样性。随着高校投资主体多元化、经济运作社会化，高校财务服务内容呈多样化。⑤服务理念的发展性。高校财务服务具有其特殊的专业性要求，高校财务在充分发挥其核算、监督、决策等一系列服务功能时，财务人员的服务理念也要随着学校的发展而有所变化。高校财务人员要根据学校每一时期的发展方向和发展战略，不断拓展和调整自己的服务理念。财务服务理念在基于"平等、自由、关爱、专业"的基础上，可以树立不同时期服务的不同侧重点，如 z 校某年的发展主题为"学科建设年"，财务人员就需要结合学校的发展主题迅速调整自己的财务服务侧重点，迅速延伸出"基于学科的财务预算""经费支出倾向于学科发展"等财务服务理念。

第三，加强高校财务服务的重要性。一是高质量的服务水平有助于提高财务部门乃至学校的整体形象。二是财务服务水平的高低直接影响学校各项工作的顺利开展。三是财务服务水平的高低影响学校领导决策。四是会计服务水平是财务管理水平高低的重要体现。

第四，高校财务服务质量存在的问题。一是高校财务人员编制紧缺导致会计服务质量下降。二是财务服务与财务监督的矛盾尖锐。三是缺乏激励机制极大地降低了财务服务效率。四是财务文化的缺乏，导致高校财务团队的凝聚力和向心力不足，限制了财务服务质量的提高。

第五，提高高校财务服务质量的对策。一是理财务服务与财务监督的关系。财务服务是财务监督的基础，没有良好的财务服务，就无法使财务监督顺利开展；离开财务监督，财务服务就无从谈起。二是加大财务信息化建设力度，提高服务效率。三是加强财务规章制度的宣传，提高政策透明度和财务政策执行力。加大财务规章的宣传力度，有效地提升服务水平；可以通过财务网页，将财务制度、报销流程、政策解读、各种表格下载并以不同模块放置在财务主页，一目了然。四是构建财务人员绩效考核评价体制，将激励机制引入财务工作，将绩效考核引入高校财务，使得难以量化的财务工作有了评价指标。通过绩效考核，可以客观公正地评价财务人员的工作成效，避免人为考核的主观性。可以将考核结果与财务人员的利益结合起来，将绩效考核奖励通过薪酬反映出来，有效激发财务人员的上进心和工作积极性，提高财务工作的整体服务效率。

第六，服务创新。高校会计工作的服务性决定了高校各项财务管理工作创新的最终目的都是为了实现高校财务管理工作的服务创新，人员的优化是为了服务，制度的完善也是为了服务。新形势下高校财务管理工作的服务创新应做好以下四个方面的工作。一是服务理念的创新。高校的财务管理人员或部门应牢固树立服务意识，在正确处理好开放与控制、经济效益与社会效益的前提下，要把提高财务工作的服务质量视为财务管理工作永恒的主题。二是服务方式的创新。高校财务管理部门应通过多种方式加强财务管理宣传，帮助与引导学院领导、各部门、各系科正确认识财务管理信息的重要价值；还应积极利用办公自动化网络技术，实行网上服务与送资料上门服务，变被动为主动，变滞后为超前，使财务信息服务积极跻身于高校教学、科研、生产的第一线。三是服务内容的创新。高校财务管理部门应根据自身实际和高校发展的实际需要，充分发挥自身优势，开展各种关于财务信息的特色服务，积极为教学、科研提供会计预算、决策数据信息。四是服务手段的创新。高校财务管理部门要充分利用现代技术，实现财务管理数字化、网络化、信息化与智能化，为利用者提供高效、优质、快速的服务。

（三）全员参与观念

第一，财务管理是高校财务工作者不可推卸的职责，但要想全面提升高校综合财务水平和办学效益，依赖于全校教职员工共同支持财务工作，主动参与财务管理，共同谋求生财、聚财之道，营造人人注重理财的良好氛围。高校财务工作者应进一步更新理财理念，赋予教职员工一定的自主权，让其以主人翁的身份实现被管理者与管理者的换位，让其乐于管理、自我约束。这样，高校理财主体呈现多元化，变高校集中理财为分散理财，强化了大家当家理财的责任感，有利于高校合理安排支出，减少浪费，想方设法把钱用在刀刃上，以最小的成本获得最大的产出，促进资金效益的最大化。

第二，高校必须抓好学科建设这个龙头来实现教学质量和科研水平的提高，培养符合社会需要的人才，提高高校的社会声誉，保障高校可持续发展。提高教学质量和科研水平，高校队伍建设是关键。高校具有一定的财力支配权，有了引进人才、培养人才的调控手段，可结合高校不同发展阶段的特定需要，自主安排部分资金，引进短缺的学术骨干，调整、优化队伍结构，使高校的运行进入一个良性的循环状态。

第三，加强对固定资产的管理，推行固定资产岗位责任制，即对固定资产的购买、使用、调拨、报损、报废各个环节进行管理控制。领导要重视管理机构的设置和人员培训，积极支持指导其工作。要统筹安排固定资产的购置，充分利用现有设备，提高利用率，避免重复购置。财务部门要定期核对账目，做到账实相符。为了正确地反映高校财产的情况，应将固定资产与低值易耗品分开单独进行核算，建立健全物资收发、保管制度，严格执行，合理发放，本着"谁使用，谁管理"的原则，将责任落实到各责任单位和个人。对生产材料的耗用，由责任单位监督控制，并建立和完善材料的收、发（用）、存制度，定期编制材料收、发、存报表。对固定资产实行双重管理，即单位会计按现行制度进行总括记账管理，使用固定资产的责任单位实行责任管理，责任单位设置台账，记载使用、维修、保养情况，并确定责任期固定资产完好率、利用率的考核指标。

九、职能与责任观念

树立新的职能观念。高校财务管理应同学校发展紧密结合，从单纯的"用财"转变为"聚财、生财、管财"，从服务型向决策管理型过渡：应逐步从"记账、算账"的"核算型会计"

向"事前预测、事中监督、事后分析"的"管理与经营型会计"转变。要当好学校领导的参谋，及时提出经济决策建议，协助领导处理好维持和发展的关系，长期利益和短期利益的关系，整体利益和局部利益的关系，国家利益和集体利益、个人利益的关系等。要充分发挥财务部门的职能，为高校发展提供有效的财务保障。

高校财务管理部门应该通过其职能理念的创新，实现从服务型部门向决策管理型部门的过渡。高校财务管理的基本职能应结合企业财务管理的职级，通过落实完善预算决算制度、建立科学的财务决策程序、建立内部控制制度和风险防范制度等做好筹资管理、投资管理和运营管理三大块工作。筹资管理工作是指财务管理部门为学校的筹资出谋划策，做好债务期限规划、资金筹措等工作。投资管理工作是指财务管理部门为学校的投资决策提供科学依据，并在决策的执行过程中提供财务上的监督和考评依据，尽量避免短期投资行为。运营管理工作是指财务管理部门为学校做好日常经费管理工作。

十、可持续发展观念

树立新的可持续发展观。我国高校要完成国家、社会所赋予的重任，必须走可持续发展的道路。只有树立了可持续发展的观念，高校的财务管理工作才能从长远发展出发，与社会主义市场经济机制的要求相一致，优化教育结构和资源配置，减少投资风险，提高高校实力。高校办学质量和水平的提高、学校知名度的提升都需要相应的资金投入，但从一定意义上来讲，高校事业发展对资金需要的无限增加与学校可筹得资金供给的有限增加始终是矛盾的。学校应具有战略性眼光，正确处理好远期与近期的关系，统筹安排资金，集中力量完成最急迫、对学校发展将产生重要影响的投资项目。高校在安排具体建设项目时，必须加以统筹规划，每个项目的建设都要考虑学校的总体布局。在资金缺乏时，应合理统筹安排资金供给，把发展放在首位，以发展求生存，树立可持续发展的观念。

第一，科学合理地定位高校发展目标。高校要遵循"生态位"规律，树立科学发展观，根据时代和区位特点，当地社会经济、政治、文化发展需求和教育资源分布等情况，确定自身的角色和功能，体现自身的办学特点和风格，明确自身的办学类型、层次、专业结构和规模等，以质量和特色为基础，坚持"科学规划，量力投入，理性扩张，稳步发展"的发展战略，坚持"突出特色、协调发展、开放办学、培育优势、整体提高"的发展思路，坚持"小综合，宽领域，有特色，重实用"的办学定位，坚持"以育人为根本，以教学为中心，以科研为支撑，以质量为生命"的办学理念，充分发挥高校培养人才、科学研究、服务社会和传承文化的职能。高校发展最核心的问题是必须回归到文明传承和人本回归上来，走内涵发展的道路。教学质量与科研水平等软环境永远是高校生命力的最关键因素。

第二，建立现代大学制度，完善高校治理结构。高校的治理结构是当代中国高校制度的核心问题，现代大学制度的本质和核心是高校治理结构。完善的高校治理结构有利于内控制度的建立和执行，健全的内控制度能促进高校治理结构的完善和现代大学制度的建立。强化高校内控制度已经成为发达国家治理高校的重要手段。我国高校必须运用内控制度，促进高校治理结构，确保财务安全度和高等教育可持续发展。

第三，切实加大政府教育投入力度，完善高校经费保障机制。高等教育经费来源主要以政府拨款为主，学校自筹经费为辅。科学界定各级政府的办学职责，把财政性教育投入作为完善公共财政体制的重点，完善公共财政投入高等教育的保障机制和正常增长机制，保证高等教育必备的办学资金和稳定的经费来源，不断提高高校可支配财力和财务安全度。

第四，探索科学合理的高校投资、融资机制和管理模式。依据共生理论的主体要素、资源要素、约束条件三个要素，构建产、学、研良性结合，以政府为平台，拓宽融资渠道，构建政府、社会和银行共同投资监管的高校发展与财务安全创新模式。利用政府、社会、银行和企业在高校发展中共生互利的辩证关系，建立科学合理的高校投资、融资机制和高校财务管理与风险防范机制，建立政府、社会、银行和企业利益共享、风险共担的高校发展机制和监督体制，解决高校办学经费渠道单一和社会监控缺失的问题。

第五，修订完善现行高校会计制度和《中华人民共和国预算法》等法律制度。一是完善和规范高校会计制度、财务管理、内控管理、风险管理、绩效评价体系，强化责任监控。二是着眼《中华人民共和国预算法》的完善，按照综合部门预算改革的规定，除了把预算单位所有收支全部列入预算盘子外，还应设计公共资源簿记制度和预算单位债务报告等配套制度。三是完善《中华人民共和国高等教育法》，进一步明确各级政府的办学责任，提高财政性教育经费预算的科学性和权威性。四是加强高校内控制度建设，防范和控制财务风险，提高高校财务安全度。

第六章　高校财务管理体制和机制的创新

第一节　高校财务管理体制的创新

本节内容阐述高校财务管理体制方面的创新：财务管理体制的类型，财务管理体制的原则，财务管理体制的权责划分，以预算为主导的财务管理体制，校、院系两级财务管理体制，集权与分权动态协同的财务管理体制，财务管理体制创新的配套措施。

一、财务管理体制的类型

当前，虽然我国规模较大的高校一般采用统一领导、分级管理体制，但是在实践中，各高校又都结合自身的特点，对统一领导、分级管理模式进行了适当的创新与发展，建立了适合本校发展的财务管理体制。这些体制的区别主要体现在预算模式和会计核算模式两个方面：在预算模式上，有的学校选择一级预算，有的学校选择两级预算；在会计核算模式上，有的学校选择采用集中核算，有的学校选择采用两级核算，将不同的预算模式和会计核算模式交叉运用之后形成了具有不同功能和特点的财务管理体制，其中最具代表性的是"统一领导，一级预算，集中核算，两级管理""统一领导，一级预算，两级核算，两级管理"和"统一领导，两级预算，两级核算，两级管理"三种模式。这三种模式虽然存在很大的差别，但它们都坚持"统一领导"这个前提条件，在管理上都实行两级管理模式。

"统一领导"强调的是学校的宏观调控能力，"两级管理"强调的是财权下放，符合宏观调控、微观搞活的原则。

一级预算模式是指学校将预算管理权全部集中在学校一级，由校级财务部门负责编制全校的收入预算和支出预算，学院不是预算主体，没有编制预算的权利，只能按照既定的预算方案安排资金的使用。在这种预算模式下，学院不参与预算的编制，不能按照自己的思路安排资金的使用，无法调动学院的积极性，不利于学院的发展。

两级核算模式是指学校除一级财务机构外，在各学院再设立独立的二级财务机构，学院的经费收支由本学院的二级财务机构进行管理。二级财务机构归学院领导，直接对学院负责。在这种模式下，由于二级财务机构归学院直接领导，在进行财务活动时很容易受到学院的干预，很难客观地反映学院经费的使用情况，甚至为了学院的利益，不惜牺牲学校的整体利益。

第一，"统一领导，一级预算，集中核算，两级管理"模式。采用这种模式，学校只设立一级财务机构，学院不设财务机构。在校内实行一级预算，由校财务处负责编制整个学校的收入预算和支出预算，其他部门只要按照预算方案安排资金的使用即可。在会计核算方面，实行集中预算，由校财务处负责学校的会计核算，学院的资金核算由财务处派人负责。这种模式是一种集权型的财务管理模式，学校的宏观调控能力较强，能有效地利用资金进行学校整体的发展。由于其高度集权，学院的积极性很差，不利于学院的发展。

第二，"统一领导、一级预算、两级核算、两级管理"模式。采用这种模式，学校实行的是一级预算，学院不作为独立的预算主体，但是学校在学院设立了二级财务机构，二级财务机构受校财务处和学院的双重领导，接受校财务处的监督，独立负责学院的会计核算。这种模式与"统一领导、一级预算、集中核算、两级管理"相比较，给予了学院一定的财权，使学院在权和范围内能自行安排经费的使用，独立编制会计报表，同时，鼓励学院自行筹资，对于学院自行筹资部分除按比例上缴给学校外，其他部分留作学院自用，调动了学院筹资的积极性。但是由于二级财务机构对学院直接领导，可能为了本学院的利益而损害学校的整体利益，影响学校的发展。

第三，"统一领导、两级预算、两级核算、两级管理"模式。采用这种模式，学校实行两级预算，将预算分成校级预算和院级预算，由学院自行编制本学院的收入预算和支出预算。在学院设立二级财务机构，由该二级财务机构负责学院的会计核算。这种财务管理模式过分地强调分权，给予了学院过多的财权，有利于调动学院的办学积极性。但由于下放给学院的财权过多，使得学校的宏观控制能力很弱，容易造成财力的过分分散，不能根据学校的整体发展需要安排资金的使用，不利于学校整体目标的实现。

二、财务管理体制的原则

第一，宏观调控与微观搞活相结合的原则。宏观调控与微观搞活和统一领导与分级管理是相对应的，统一领导是宏观调控的保证，分级管理则是微观搞活的体现，该原则是统一领导、分级管理校院两级财务管理模式的首要原则。宏观管理强调的是校级对学校整体财力的控制能力，强调的是学院的利益要符合学校的整体利益；而微观搞活则强调学校要适当下放财权给学院，使学院能做到财权与事权相结合，保证学院自主办学的活力和积极性。将宏观管理与微观搞活结合起来，既可以有效防范财权分散，保证学校整体目标的顺利实现，又调动了各学院的积极性和创造性，真正做到"管而不死，活而不乱"，保证整个学校的发展活力。

第二，适度分权原则。统一领导、分级管理模式的核心问题是财权的划分，只有将财权在校级和院级之间进行合理的分配，才能保证财务管理工作的顺利进行。过分强调集权和过分强调分权都不利于财务管理工作的开展，影响学校发展目标的实现。过分强调集权，学校把财权集中在校级，学院没有财权，每花一分钱都要向学校请示，影响学院发展的积极性，在一定程度上制约了学院的发展；过分强调分权，学校将大部分的财权下放给学院，会造成校级财力不足，影响其宏观调控的能力，不利于学校的整体发展。在建立统一领导，分级管理模式时，必须要坚持适度分权原则，处理好集权与分权的关系。

第三，兼顾责、权、利原则。高校建立财务管理模式时要体现责、权、利相结合的原则。权是指要明确划分校级和院级的财权，明确划分各部门的权利范围；责是指明晰校级和院级各部门各自应该承担的经济责任；利是利益，指的是学校要制定相关的奖罚措施，对顺利完成任务的单位给予物质奖励，对于没有完成任务的单位给予一定的惩罚，激发各单位的积极性和创造性。根据责、权、利相结合原则建立的财务管理模式是一种集权利机制、责任机制和激励机制为一体的模式，这种模式可以更好地促使财务人员为实现学校的整体利益而努力工作。

第四，权责结合、管理重心下移。大学原有的经济管理的重心在学校一级，各二级学院自主管理经济的广度和深度不够，通过财务管理体制改革将财务的主要管理权限下放，二级学院的经费由二级学院自主管理，发挥其管理的能动性；同时，各二级学院的经济责任人对本单位的经济运行承担经济责任。

第五，超支不补、结余留用。下拨经费实行超支不补、结余留用，但须按学校规定使用。对于没有按照计划使用资金而造成的经费不足，实行超支不补原则，由二级学院自行解决；对于通过加强管理节约的资金，按照学校相应的规定使用。

三、财务管理体制的权责划分

确定学校和各二级学院的经济权责是实行二级核算的基础，学校负责全校资金总量的宏观调控，按照学生、教师人数及专业等因素划拨经费，制定全校统一的财务制度和经济分配政策，按照相关制度监督二级学院的经济运行。学校通过所掌控的经费及专项经费对全校和各学院的发展进行调控。二级学院的经济责任主要是按照学校相关财务制度科学、合理安排本单位的年度经费收支，按照学校要求编制本单位财务收支计划和决算；在学校的指导下自主制定内部的经济分配办法。二级学院应开源节流，在完成学校下达的教学、科研任务基础上增强创收能力。

经费划拨的内容与依据。分级管理的经费划拨包括人员经费、公用经费、学生经费，以及二级学院的创收收入按照学校确定的政策进行的分配。经费划拨的依据，由学校按照本科生人数、研究生人数、本科专业数、硕士博士点数、学科数、教职工人数及其结构等综合因素进行核定。二级学院经费核定后所产生的客观不平衡问题，诸如教师多、学生少，新建院系、专业、规模较小院系等所造成的经费不平衡，应通过调整因素进行考虑。

划拨经费的管理。二级学院在行使学校赋予的管理权限时，必须严格执行国家及上级业务主管部门的法律法规，严格执行学校的各项规章制度和办法。二级学院制定的各项管理办法、分配办法等，不得同上述法律法规和制度办法相违背。为了科学民主管理本单位的经费，二级学院必须成立财务委员会，完善二级教代会制度，加强内部民主理财和监督机制建设。财务委员会的主要职责是研究本单位的经费预算，监督经费执行情况，对本单位的重大经费开支情况进行论证，对本单位的经费绩效进行评价，制定本单位的分配政策，对单位行政负责人的经济决策提供建议等。学校对二级学院应以专项资金的方式进行调控，大型设备购置由学校根据发展规划统一安排。二级学院必须根据该院系事业发展计划和工作任务编制年度财务预算，经学院财务委员会讨论通过后，报请学校批准执行。为加强监控，学校对下拨二级学院的经费，应采取一部分直接划拨，一部分进行绩效考评后按照考评结果进行划拨的办法执行。

四、以预算为主导的财务管理体制

确立以预算为主导的财务管理体制。不断发展的高校在实现其财务管理创新的过程中，首先应该确立以预算为主导的财务管理体制，通过科学预算并强调预算的执行和控制，同时对一系列指标性数据进行全面分析。具体来说，高校可以从建立执行力和控制力较强的预算监督管理组织、制定预算执行方案及相应的考评方法、普及先进财务软件及其他相关技术手段这三个方面逐步落实预算监管机构的有效运行，这三个方面的有效运行是预算执行的良好保证，其组成人员应该是一支以校长或书记为主要领导，以财务审计职能人员、人力资源管理者、组织部即教务部高层管理者为重要成员的管理队伍。完善的预算执行方案让高校预算工作有序进行，同时采用科学的考评方法来对各单位或部门的预算执行结果进行分析和考核，更加有助于高校目标的实现。此外，先进的财务软件和其他相关技术的运用能提高预算效率，比如建立数据接口，在财务软件中设置部门和项目的正确对应关系；增加部门预算软件数据直接向财务软件下达预算指标的功能，减少人工录入凭证的主观失误。

第一，建立执行力强、控制力强的预算监督管理机构，执行学校预算工作的指导和考核。高校可建立书记校长担任主要领导的由财务、人事、组织、审计、教务等相关职能人员组成的学校预算管理机构，在财务部门的数据基础上，审订本年度的财务预算，决定本年度的资金开支和工作扶持方向，为学校领导层的预算管理决策提供依据。组织机构的建立，为预算的执行提供了保障。

第二，制定预算执行的制度。要保证高校预算得到充分执行，维护预算的严肃性、有效性，必须通过建立预算强制执行的管理制度，对预算进行约束。

第三，建立预算执行考核评价制度，对各单位预算执行效果进行考核。通过对各单位预算执行结果的分析和考核，来保证预算在各单位执行的效果，确保学校本年度战略目标得到实施。绩效的评价必须通过建立一套科学、合理并行之有效的评价方法、评价体系和评价标准来实施。

第四，紧跟财政预算体制改革，通过先进的技术手段来提高预算管理水平。省市财政在陆续出台包括部门预算、政府采购和国库集中收付等一系列围绕公共财政管理的改革措施。高校财务预算管理要适应外部形式的变化，主动通过技术更新、观念更新来紧跟政府财政的变化，对于学校自行采购的项目，要强化审计部门的监督职能。要配合国库集中收付制度的执行，提高预算的前瞻性、用款计划的准确性、会计核算的精确性和与校内各部门联系的紧密性，做好学校与财政部门之间的沟通和联络工作，保证预算资金的正常使用。

第五，借助于电算化及网络手段等技术手段的更新，紧跟信息化发展的趋势，提高财务管理水平。高校部门预算可以利用高校网络发达、技术支撑力量雄厚、电算化程度高、人员专业化水平高等优势，充分发挥财务软件和其他相关软件的作用，提高部门预算的效率。如通过财务软件中部门处室设置和经费项目设置，使其与已经细化的预算方案相一致，使预算控制达到事半功倍的效果；设置超支控制可以很好地解决超支问题；预算项目对应会计科目的设置可以保证项目经费使用范围与经济业务性质相一致；统计报表功能可以完整地提供月度、中期及年度的项目报表分析，直观地看到某项目一定时期内的进展情况；个性化的自定义账表设置充分体现了高校自身项目管理的个性；通过改进部门预算软件，建立数据接口，设置与财务软件中部门和项目的对应关系，实现部门预算软件数据直接向财务软件下达预算指标的功能，减少人工录入凭证的主观失误。

第六，将信贷资金纳入预算管理，提高财务管理科学性。根据现代财务管理的观点，在投资分析中现金流动状况比盈亏状况更重要，收大于支的年份不一定有多余的现金来偿还贷款。将现金流量预算纳入高校预算管理的范畴，把年度贷款额和还款计划编入预算。高校财务的平衡模式为：年度预算收入数＋预算贷款数＝年度预算支出数＋预算还款数。这种平衡关系突破现行制度对编制赤字预算的限制，建立了一种新的"收支平衡——现金流量平衡"的财务关系。预算编制要提高科学性和刚性，确保预算的真实性，同时还要将年度预算、中长期预算与学校的长远发展结合起来，有效地规避贷款风险，从而保证学校的资金安全和经济秩序稳定。同时，改革现行的高校会计制度，在现行收付实现制的基础上，增设用于核算未完工项目的相应会计科目，改革高校固定资产与固定基金平等的原则。

贷款建设项目完工后先增加固定资产，贷款偿还后再增加固定基金，明晰高校产权关系，提高会计核算的科学性和会计信息的真实性。

五、校、院系两级财务管理体制

为了调动院系的办学积极性，发挥院系的活力，提高管理效益，部分大学进行了扁平化的分权管理改革，即下放权力、重心下移、院所合一。按照分权管理原则，学校将人事管理权、财务管理权、资产管理权和分配奖励权下放给院系，即学校要对现有的有关教育资源配置、资金预算体系、分配标准以及监督控制等制度进行改革和实践。

第一，推行校、院系两级财务管理的目的。根据《高等学校财务制度》的规定，高校可以结合实际情况，在校内建立"统一领导，分级管理"的财务管理体制。校、院（系）两级财务管理就是指高校建立财务核算相对独立的二级核算单位——学院财务管理机构。《高等学校财务制度》明确提出，实行"统一领导，分级管理"财务管理体制的高校可采用两级核算方式核算二级单位的收支。学院财务是在校财务处及学院双重领导下负责部门预算、专项资金和创收的核算与管理，为全院教职工、学生提供教学、科研、行政管理等经济服务；院系财务管理机构主管会计可由学校财务处派出或由院系推荐，报财务处考核确认。院系财务机构全面负责学院财务的审核和监督，是学校财务管理的基层组织，它通过资金的合理配置，调控全院的经济活动，实现学院自我发展、自我约束、自我平衡的战略目标。推行两级财务管理是实现财务管理理财观转变的重要举措。

第二，院系财务管理创新的原则与思路。建立校、院（系）两级预算体系和资金分配标准的指导思想为配合和适应校内管理改革，实现学校发展目标，应遵循：市场经济规则、高校办学规律以及学校确定的院系为实体的原则。院系为实体的原则分为四个方面：一是责、权、利相一致原则，即院系的工作目标及其责任与院系的人、财、物自主权以及经济利益相一致；二是自我发展与自我约束相结合的原则，即院系必须依照国家的法律和学校的规章制度行使人、财、物的自主权，建立院系自我发展与自我约束的运行机制；三是学校宏观调控与院系办学自主相结合的原则，即简政放权，管理重心下移，充分给予院系的人、财、物的自主权，学校职能部门实行宏观管理与调控；四是效益优先与兼顾公平的原则，即引入竞争机制，建立以岗定薪、按劳取酬、优劳优酬的校内分配制度，真正体现重岗位、重实绩、重贡献，充分发挥校内分配的激励作用和导向作用。

第三，院系财务管理创新的目标。以创建现代大学财务管理制度为目标，明晰校、院系两级资金管理权限和责任，在科学定位和分工的基础上，建立和完善资金预算和拨款机制，为院系提供良好的经济支撑系统，调动院系的办学积极性和主动性，构建高效合理的校、院系两级管理体制和预算体系；创建"目标任务与经费"全面挂钩的运行机制，充分调动院系教师投身教学、科研和学生管理的积极性，建设适应教学研究型大学要求的师资和管理队伍；进一步完善法律保障机制与监督评估机制，逐步加强依法管理、规范管理。建立新的资金预算体系、分配标准以及费用核算管理具体办法，要体现学校内部管理改革思路，按照学校确定各院系学科建设方向、教学任务、科技发展目标和学生教育管理目标任务，进行资源配置、预算管理体系、资金分配标准改革。建立两级预算体系、资金分配标准管理制度，构建符合实行校、院系"两级管理，两级核算"的财务管理体制，要以促进学校实行校、院系两级管理，提供改革配套支持系统为目标；预算体系、资金分配政策调整和监控措施必须符合学校发展思路，经济管理政策的导向要能够充分发挥作用。

第四，财务管理创新的措施。①经济责任制创新。推行目标管理责任制必须遵循责、权、利相一致的原则。目标管理责任制包括经济管理责任，即目标任务与经费资源全面挂钩。院系应围绕学校所下达的综合发展、建设目标，根据各自发展的需要和本单位的实际情况，制订相应的资源总额分配计划，包括对各项资金的使用数额以及方向调整，对不同岗位承担不同任务的教师，调整其工资结构或发放不同的工资津贴，以体现院系为实体、资源优化配置的总体要求。另外，各院系根据自身的实际情况，在"效率优先、兼顾公平"的原则指导下，可对教师实行市场化的协议年薪制或月薪加科研单项奖励制度。划分院系财务管理责任与权限，明确院系经济责任和经费管理权限与范围。在学校授权范围内，允许院系调剂使用资金(除专项资金外)，年度预算结余允许结转使用(包括专项资金结余)。设置院系财务机构，配备专职财务人员，明确财务管理职责和权限；学校原则上提出预算项目使用指导意见，对个别项目下达控制指标；规定财务核算科目，理顺校、院系两级财务审核关系，及时汇总院系会计报表。②预算体系、资金计算标准与拨款机制创新。进行资金预算管理改革，推行以工作目标责任为基础的预算模式。预算体系和资金计算标准应是透明、公开的，学校每个院系都知道自己的经费预算来源和工作目标责任，在学校宏观指导下，允许和支持各院系根据院系的实际情况采取相应的激励机制，达到资源的最优化配置。学校预算和拨款机制管理创新，即建立新的预算体系和资金计算标准，实行校、院系两级预算管理，各级预算自负盈亏。在预算运算模式上，预算分配体系可采用因素分配法，学校从可控财力中提取一定比例用于校级公共支出费用，以及学校层面战略规划的实施，其余资金则应全部用于院系(资金额因学校筹资渠道和财力有所差别)。院系预算分配应以学生人数、职工编制数和完成的教学、科研工作量相结合的方式，对社会资源较少的、以基础学科为主的院系，不能简单地按统一标准配置资源，必须在计算公式中引入倾斜系数(学校可参考历史统计数据或以应增加数额，反推算确定)，以支持基础学科的持续发展。同时设定人员费用、办学经费、行政经费的控制比例。对重点学科、重点实验室建设以及科研项目经费实行单项资助或配套资助政策。依据资助标准，凡获得学校立项批准的项目，按项目建设期限和预算总额，逐年拨付。③在预算体系中，应建立必要的成本支出扣除机制，如扣除房屋使用费用的机制，该机制会促使各部门、教师退出闲置部分用房，能够缓解用房紧张状况。

第五，院系预算管理制度体系的组成。①预算编制与调整。预算是统驭院系教学和科研活动的纲领，是沟通学校和院系两级财务管理的桥梁。根据院系发展计划和工作任务编制院系年度财务预算，年度预算采用自上而下和自下而上相结合的原则编制，按收支对象的功能编制院系总预算，再按院级领导分管的部门及项目分别编制收支预算，经院系领导班子讨论通过，经校财务主管部门批准，院系行政负责人按学校批准意见组织日常管理。②预算控制管理。作为院系财务机构和管理人员，除编制院系年度预算，还应负责运用预算手段控制费用支出，保证各种资金收支合规合理，控制非预算事项的发生。非特殊情况，项目费用不得超过预算控制数额。预算控制不仅要对计划执行情况进行控制，还应对部门管理制度执行过程进行监督，做到严格把关；强化预算执行动态管理，对预算执行差异进行深入分析，剖析造成执行差异的原因和因素，向责任人和负责人提出改进建议。③

管理制度创新。一是明确经费责任范围，有效控制项目支出。按学校财务报告要求，院系资金预算使用范围一般划分为教学经费、科研经费、研究生教育经费、学生活动经费、行政经费、工会经费等。依据费用归集原则，结合院系行政管理分工，细化经济责任范围，有效控制项目支出，实现预算收支平衡。细化经济责任应坚持费用归集原则和行政分工管理原则。建立教学经费、科研经费、研究生教育经费、学生活动经费、行政经费、工会经费等预算管理责任制。院系行政负责人在与分管领导签订年度工作责任目标时，应同时签订预算管理责任。二是建立院系预算分级审批授权体系。预算分级审批权限体系可分三个层次。总负责——院系行政负责人；分管负责——主管负责人；执行负责——基层责任中心负责人。预算审批权限可因经济事项类型差异区别设置，具体限额则由各院系自定，但应形成制度，并报学校财务和监督部门备案。三是严格预算执行结果考核，把预算执行结果纳入干部年度岗位责任履行和工作业绩考核范围。按照工作责任目标与年度经济责任挂钩原则，对预算管理经济责任进行综合评价，非正常因素超预算计划，或工作任务未按计划完成的，落实管理责任，扣发奖酬金，并实行年度考核一票否决，不能定为"优秀"。④建立校、院系预算管理监督体系。为规范校、院系预算管理，提高预算资金使用效益，防范工作失误，预防资金管理风险，减少资金损失，学校应重视和加强预算执行监督检查工作。在资金预算制度体系构建中应明确和突出审计监督环节，并将接受审计监督检查执行状况和结果作为评价校、院系财务管理状况的主要指标，列入校、院系领导干部经济责任审计的范围。审计监督检查执行状况和结果不仅要在领导干部离任经济责任审计时予以反映，而且要在日常财务收支审计和干部任职期间进行经济责任审计时作为重要的审计评价内容。⑤院系在财务管理中应实行"透明化"操作。在学校财务处的领导和指导下，建立院系财务管理制度体系，并报学校备案。院系财务制度构成包括院系经济责任制度、资金计划审批管理制度、费用报销审核制度、工资与奖酬分配制度、职工代表和民主管理委员会监督制度等。⑥建立校、院系资金预算管理监控体系，形成良好的监督运行机制，预防资金风险。监控体系和监督运行机制是全面落实校、院系两级预算管理，推行校、院系两级经济责任的制度保障。建立由纪委、检察、审计、工会以及学校民主管理委员会组成的校级预算执行监督体系；由纪委、检察、审计、财务以及院系工会、民主管理委员会组成二级院系预算执行监督机构。针对资金预算渠道的不同和资金预算审批分级授权差异，设计不同的监督程序与监督形式。院系资金预算执行日常监督由学校财务、审计、院系行政负责人和院系财务管理人员组成。其中：应以院系行政负责人和院系财务管理者为主，财务处应定期检查指导，对在检查中发现的问题或薄弱环节进行及时督促纠正；校级资金预算执行情况应由校纪委、监察、审计、工会和财务处共同进行监督。日常具体监督由学校财务处组织实施，以财务处为主，其他部门协助配合，形成学校的监督机制。

六、动态协同的财务管理体制

目前，大多数高校采用的是静态的财务管理模式，这种模式对于外界条件变化时做出的反应较小、较慢，很容易引发财务风险。要创新高校的财务管理体制就要由静态模式变为动态模式，在动态协同财务管理体制下，高校财务部门与外界社会部门协作，共享经济资源，联盟经济业务，形成市场开拓的经济业务链，实现内外资源、信息动态相统一，提高高校财务对外界反馈的及时性。高校在日常经济管理活动中进行动态分析，根据学校对未来的经济预期，设定一系列的财务指标，随着信息变化，不断做出反应，将现实状态与预期状态不断比较，不断调整，以更好地达到高校财务管理的目标。

动态管理不仅能保证学校能及时掌握外界信息，还能保证学校全面掌握分权管理下各院系二级单位的财务信息。实现了动态管理之后，集中管理与分级核算结合得更加紧密，一级财务机构能及时了解院系单位的资金动态，更好地统一领导、集中管理和分权自理，学校既可宏观调控又可微观分析，既可调动院系单位的管理积极性又不随意放任财权，科学地将集中管理和分级自理相结合，形成"统而不僵，放而不乱"的财务管理格局。

第一，科学定位高校财务管理工作的职能，确立财务管理在高校发展中的基础作用和宏观调控功能。将高校财务管理工作的内容和职能进行延伸和扩展，将资源筹划、资产管理、资本运营等重大财务事宜纳入高校财务管理职能中，使之具有财务决策、财务计划和财务控制三项职能。财务管理人员应主动参与到重大项目方案的前期调研、可行性论证和风险评估、决策等环节中，并在这些工作环节中发挥其专业优势，提出决策建议；制定长期的财务规划和完善财务预算制度，使之摆脱长期以来对"预算制度即包干经费管理"的认识；财务控制即通过实际执行情况与预算标准进行差异分析，奖优惩劣，达到优化管理的目的。

第二，建立一套科学、规范的高校财务管理日常管理流程。财务管理部门依据其职能对立项项目制订项目计划，制定预算和计算标准，记录实际数据，将实际情况与标准进行比较和差异分析调查，得出评价结果。项目效益评测量化，避免评价的主观随意性。高校不同于企业，在设定评价体系时应考虑项目所产生的社会效益，建立多元化的评估指标体系。对应用型的科研项目，应当以其产生的经济效益作为评估标准；对教学和基础科研项目应当建立以成本效益观为切入点，以"资源利用率"为导向的评估指标体系；对于维持学校日常管理工作的各部门的办公费用，应当合理核算定额标准，实行定额预算管理，并对定额完成情况进行评价。

第三，建立教育资金筹集的多元化渠道，培育高校自身的"造血"功能。高校要克服"等、靠、要"的思想，拓展资金来源渠道，形成政府投资、学校自筹和社会集资、捐助等多元化筹资格局。一是积极吸引社会捐助。各高校应将筹措社会捐资工作作为学校的一项长期工程，组织专门人员成立专门机构负责落实。二是积极推进校企合作，实现双赢。通过合作，建立联合实验室或从企业承担科研项目，学校可以从企业筹措科研经费，为学校增加经济收益。通过合作，学校可以充分利用企业的生产现场、设备及技术手段作为高校的实践教学基地，以便减少对教学场地及设施的投入。三是高校可以通过吸引投资者联合办学及采用融资租赁等多种方式筹措办学经费。多渠道筹措办学经费能大大减轻高校向银行大量举债所带来的沉重负担，优化资本结构，有利于高校的长期健康发展。

第四，加强学校的资产管理，盘活存量，优化增量，提高资产利用率，发挥资产的最大效益。一是建立高校固定资产折旧制度。高校应结合自身业务特点，选择适当的固定资产折旧方法以及综合考虑使用年限、净残值、折旧率等因素，计算折旧额计入成本费用中。二是对某些大型设备、设施或场地推行向社会开放、提供有偿服务的办法，以提高创造效益的能力，发挥资产的最优效益。

第五，整合财务组织结构。组织是实现目标的载体，为了实现财务管理目标，高校应该对财务管理组织结构作出一定的调整。在调整的过程中，要紧密结合自身的特点和发展的需要，明确划分各科室的职能和责任，做到职责分明，使调整之后的财务管理组织能更好地为高校的发展目标服务。

第六，完善预算管理体系。财务预算在财务管理中占有很重要的地位，是高校财务管理的中心工作，贯穿于财务管理的整个过程，是各项财务活动的基础。通过预算管理，可以对学校进行宏观调控，实现资源的优化配置。目前，高校经费的收入和支出呈现出多元化趋势，这使得高校的收支预算工作变动更加复杂和困难，给预算管理工作带来了新的挑战。有必要对高校的预算工作进行进一步的完善，使其能更好地为实现高校的管理目标服务。

第七，加强防范高校财务风险。高校财务风险主要来源于向商业银行的过度贷款。高校在向商业银行贷款时，由于缺乏必要的内部控制制度和相关的可行性分析，导致贷款数额偏大，一方面给高校带来巨大的利息负担，另一方面造成了高校资金结构不合理的现象，使高校资金流动性差，甚至使高校的资金链断裂，给高校带来了很大的财务风险。

第八，建立高校财务评价指标体系。高校财务管理评级指标是反映高校财务基本情况的指标，利用评价指标可以对高校的财务管理工作进行全方位的评估。目前，我国高校财务评价指标体系包括两方面的内容：高校财务综合实力评价指标和高校财务运行绩效评价指标。高校财务综合实力评价指标是一些单项指标，反映高校的资产状况和筹集办学经费的能力；高校财务运行绩效评价指标是在这些单项指标的基础上，通过指标之间的比例关系来反映高校资金的运行状况和运行效益。这两方面的指标都是对高校财务现状进行的分析，不能客观地反映出学校未来的发展潜力。目前，越来越多的高校开始关注学校自身的发展潜力，增加高校财务发展潜力评价指标，建立我国高校的财务评价指标体系。

第九，建设信息化的财务管理系统。信息化的财务管理系统是将现代网络信息技术运用到高校的财务管理工作中，提高高校财务管理工作的效率，实现学校财务资料资源的共享，可以增加学校财务管理工作的透明度，以便有关部门对其进行监督，实现高校资金的优化配置，最终促使高校的财务工作由封闭走向开放。

七、财务管理体制创新的配套措施

第一，建立和完善统一领导、集中管理和分级管理相结合的财务管理体制。当前，伴随着高等教育体制改革的日益深化，教育投资体制多元化格局已经初步形成。高等学校在管理体制、经费来源、招生分配、科研成果转让、后勤社会化等方面均已发生很大变化，学校正从单一的事业型管理向多元化管理过渡，已真正成为面向社会的独立法人实体。伴随着各类经济活动的日趋复杂，财务管理内容所发生的相应变化，高校必须建立和完善统一领导、集中管理和分级管理相结合的财务管理体制。对高校的财务工作实行统一领导，能有效调度财力，强化学校宏观调控能力，确保学校的可持续发展。但财务管理如果过分集中，又不利于调动各级人员的积极性。比较科学的制度应该是集中管理和分级管理相结合，做到"统而不死，放而不乱"。

第二，确立学校财务管理工作的指导方针。学校的财务管理应遵循"严格、透明、效益、服务"的指导方针。严格即财务工作要依法进行，要维护预算的严肃性；透明即财务工作应避免非制度化的行为，完全透明化，财务信息公开；效益即加强成本效益意识，对全校的财务活动进行全口径成本分析，提高办学效益；服务即财务人员应树立服务观念，为学校教学科研工作服务，支持学校各项事业的发展。

第三，建立各级经济责任制。教育经费要讲求科学的投入和产出的效益。特别是在经费严重短缺的情况下，提高资金的使用效益将成为财务工作的主要任务。在市场经济条件下，高校作为独立的法人实体，不仅要对国家负责，还要对学校各方面的社会投资人负责，对经费的使用效益承担相应的责任。高校必须建立各级经济责任制，以加强财务管理，提高经费的使用效益；建立健全校内各级经济责任制，将权利和义务相结合，使各级领导、各职能部门在经济工作中既要按规定行使权力，又必须按规定履行责任，提高管理水平，避免财经工作失误。

第四，强化财务管理职能。在做好会计核算的前提下，重点加强财务分析，成立专门的机构，抽调高素质人才从日常会计核算中解脱出来，专门进行财务分析工作。定期对部门经费的使用进行分析，形成分析报告，为学校及学院领导决策提供财务数据等信息。

第五，学校财务工作实行校长负责制，总会计师协助校长全面领导学校的财务工作，经校长授权实行总会计师"一支笔"审批制度。以确保学校能以独立的法人地位依法筹措资金，统筹安排资金，提高经费的使用效益。财务部门作为学校财务管理的职能部门，在校长和总会计师的直接领导下，统一管理全校的各项财务工作。校内各学院及职能部门等一般均实行"一级核算，二级管理"，后勤管理处、基建处、产业管理处、科学技术处等单位实行"二级核算，二级管理"。校办企业及独立法人的经济实体实行"独立核算"。校内二级财务机构、独立核算单位在业务上接受财务处的领导和监督。

第六，实行内容的创新。高校财务管理内容主要包括筹资管理、预算编制与分配、资金使用与控制、财务分析和监督以及财务工作环境的优化等。随着高校客观经济环境的变化，高校的财务管理内容也发生了变化，其主要表现为：一是资本的内涵在深化，不仅包括物质资本，还包括知识资本；二是筹资的外延在扩张，不仅包括资金的筹集，还包括人才的引进；三是预算的分配在调整，不仅要保证学校教学、科研及日常运转的需要，还包括学校大规模的基建需要。四是投资的理念在更新，不仅包括传统的国债、后勤、校办产业等投资，还包括校际合作办学、战略联盟的投资。

第七，实行职能创新。由单纯"管财"向"管财理财"并重转变。理财作为高校财务管理的重要职能，应着重从三个方面提高。其一，财务发展能力。首先要把各个渠道可能得到的经费聚拢，避免资金流失；其次是在重视节约型理财的同时大力发展开源型理财，通过开展社会服务、教育培训、对外投资、金融运作等方式开辟财源，培育学校新的经济增长点。其二，资源配置能力。资源配置最重要的是让有限的资源向使用效益好的方向流动，充分发挥财务杠杆作用，最大限度地提高办学的整体经济效益。其三，财务核算能力。要以经济效益为中心，对学校全部资金的流量进行收、支、存核算，对资产的存量进行资产和负债核算，对学校综合财务计划进行预算管理，对财务运行过程进行监控，及时提出财务运行报告。

第八，成立经济工作委员会。成立经济工作委员会专门对学校的经济政策、校内收费项目和标准、预算的安排和执行情况、决算、学校重大经济事项进行研究和审定。组成人员包括校领导、相关职能部门领导、二级院系领导代表、教师代表等，这样既能较好地吸收基层单位的意见，又能把学校的财经政策、思路更好地传递下去，有利于学校经济政策的实施，增加了财经工作的透明度。

第九，实行分类核算。首先，针对不同性质来源的财务资金建立不同的管理方式并制定相应的管理制度分别规范财政补助收入、事业收入和经营收入的使用，提高资金使用效率，调动创收单位积极性。其次，将校内各二级单位根据性质分类，性质不同，财务核算的方法就不同。如对教学、科研、行政管理类部门实行行政事业单位财务管理制度，进行核定收支、结余留用、超支不补；对社会化的后勤服务部门和校办产业实行企业化管理模式，进行成本核算、独立经营、自负盈亏。

第十，设立资金结算中心。根据高校资金流量的大小可在财务处内设立资金结算中心，作为学校一级财务与二级核算单位资金往来的结算中心。资金结算中心在银行开立一个对外结算账户，校内各二级单位分别在资金结算中心开设内部账户，二级单位与资金结算中心结算，由资金结算中心统一办理对外资金往来。高校资金结算中心既是财务处的一个下属职能部门，又承担着"校内银行"的职能，具有特殊的双重身份。这种新型的财务管理模式，既集中了学校资金，加强了学校统一的资金管理，提高资金的使用效率，又能有效控制各二级单位的财务收支，及时掌握各二级单位的资金使用状况，保证了二级单位资金运作的合法性、安全性。高校应进一步发挥资金结算中心在资金筹集、监控、结算、信息反馈等方面的职能作用，实现资金使用的最佳效益。

第二节　高校财务管理机制的创新

本节内容阐述了高校财务管理机制创新的几个方面：财务机构设置的创新、基于价值链的财务管理业务流程创新、内部激励机制的创新、财务管理监督机制的创新。

一、财务机构设置的创新

财务机构是财务管理工作的载体，同样，设置合理的财务机构是搞好财务管理工作的重要保证，建立健全高校财务机构，是做好我国高校财务管理工作的前提与关键。加强财务机构建设，有利于提高学校的财务管理水平、有利于提高高校办学效益。新形势下，高校财务管理组织机构创新主要从三方面着手：一是财务机构控制再造，高校要根据其拥有的资金流量、业务范围等因素，合理设置财务机构，特别注意处理好一级财务与二级财务在业务上的指导与被指导、监督与被监督的关系；二是二级财务的设置数量要适中，不能过少，以保证各项财务工作的顺利进行，也不能过多，要保证一级财务在全校财务工作中的领导地位；三是在实行分级管理的过程中要处理好财权集中和分散的程度，防止财权过于分散而使二级财务机构逃避一级财务的监督。

机构设置的有效原则为因事设岗，因事设岗与因人设岗是两种完全不同的机构设置方法。前者有利于推动工作的开展，后者则反之。高校要想健康有序发展就必须遵循因事设岗的机构设置方法，即根据学校财务工作的实际情况设置财务机构。通常，高校财务机构通常是财务处，下设四个科室：会计核算中心、稽核管理办公室、收费管理办公室和综合计划科。从行政上讲，会计核算中心是财务处设置的会计代理机构，其主要工作职责是在财务处的领导下开展记账和核算工作，如全校内部结算的统一办理、日常核算以及全校货币资金的经营管理都是会计核算中心的工作；收费管理办公室归财务处领导，其负责的主要工作是对全校各种有关收费的项目、收费的范围和收费的标准进行认证和协调处理，办理各种收费票证等；综合计划科是财务处的直属科室，是财务处很重要的一个科室，其主要工作职责是编制学校的年度预算和各项收支计划，监督检查预算执行情况和收支计划完成情况，综合计划科同时还要负责起草、修订和完善学校内部的各项财务规章制度以及财务管理制度，统管全处行政事务；稽核管理办公室的主要工作职责是现金银行凭证账务的常规稽核、按业务类别或单位的专项稽核，同时负责全校固定资产的购置、转让、报废等管理工作，以及资产的清查、盘点、界定和划拨工作。

新型的高校财务管理机构是建立以高校财务管理领导小组为核心的垂直领导下，高校财务领导小组下设总会计师，总会计师直接领导财务处，由财务处对高校的内部机构，包括二级机构进行财务指导，内部机构和二级机构可以根据具体的情况设置一些分支机构，进行具体基层事务的处理。高校财务管理领导小组是全权负责高校财务管理的组织机构。高校财务管理领导小组是专门为了高校财务管理的需要设置的，这个组织机构可以不占用编制，由兼职人员担任，它的重要特征是成员的广泛性和代表性，组成人员可以为行政校长、总会计师、各职能处所负责人、知名学者、教授，各领域专家等，校长为领导小组组长。该领导小组主要职责分为对内和对外两方面：对内，制定学院的长远规划和近期目标，讨论决定高校的重要经济事项；负责审核确定高校的预算计划，财务计划等财务管理的具体方案，并负责监督这些具体方案的执行情况；设置高校内部财务管理机构，任免奖惩相应的财务管理人员；负责定期向高校教职工代表大会汇报财务收支情况。对外，负责对外宣传学校形象，筹集社会各界捐款，争取科研经费，科技成果转化等，扮演公关外交的角色。

除此之外，还可以建立高校总会计师制度。①总会计师制度是中国高等教育发展的客观要求。建立总会计师制度符合国家法律的要求；有助于提高教育资金的利用效益；有助于加强经济领导。②按规定履行高校总会计师的职责。从宏观方面来看，总会计师组织高校执行国家相关的法律法规，保护国家财产，节约国家资金，并结合实际制定具体的财务管理制度以及监督实施；组织财务部门、管理部门开展具体的财务管理、成本管理、预算管理、会计核算和会计监督等方面的工作，加强对重要经济事项的分析和决策。从微观方面看，总会计师的职责主要包括：预测经济前景，依据学校发展的总体目标，结合客观实际，分析优势劣势，统筹安排，编制全年预算收支方案，并加强执行力度；参与经济决策，收集整理大量资金收支的资料信息，发挥专业特长，运用科学计算方法，得出有价值的财务指标数据，进行正确财务分析，帮助校长筛选出最优可行方案；编制和执行预算，财务收支计划，信贷计划，拟订资金筹措和使用方案，开辟财源，有效地使用资金。高校总会计师具体可以从两方面发挥自己的职能：实行成本费用预测、计划、控制、核算、分析与考核；督促本单位有关部门降低消耗，节约费用。一方面加强控制经济过程，另一方面评价办学业绩，提高办学经济效益。③强化由总会计师垂直领导的财务部门建设。

二、基于价值链的财务管理业务流程创新

高校各项财会业务活动不是一项简单的、独立的经济活动，它往往伴随着多个部门之间的物流、资金流和信息流的相互联系和交换，虽然不同的活动有不同的业务流程，但任何业务流程都会涉及物流、资金流和信息流的交换和处理。根据高校各类业务活动的特点，高校财务管理业务流程大致可分为工资管理、业务处理、预算管理、资金管理、财务分析、成本管理和国有资产管理七个次级业务流程。七大业务流程相互联系，集成一体，构成高校财务管理子系统。七大业务流程中，最为关键的两个环节是资金管理和国有资产管理，这是两个对高校效益及发展至关重要，同时又是最容易发生的环节，应加强控制。

基于价值链管理的高校财务管理，是对高校价值信息及其背后深层次关系的研究，即收集、加工、存储、提供并利用价值信息，实施对高校价值链的管理。核心内容是建立一系列的具体管理线路对各类价值信息进行加工，使之形成在价值增值过程中有效的信息资源。一般说来，可以分成两个主要内容，一是设计管理线路，二是设计管理指标。具体做法包括四个方面：

第一，分析企业对大学投入的特点，形成资源模块。随着社会的进步，大学的发展规模在不断壮大，大学需要企业的加入来拓宽资金来源渠道，企业对大学的投入有以下特点：追求大学的品牌效益和声誉效应，愿意把钱捐给名牌大学；投入形式多样，不仅有货币，还有硬件设备，如教学设备或是实验器材，或是帮助大学建设实验室；有些企业设置了长年支付给大学的研发经费，大多数的企业则属于因某种原因而进行的一次性研发投入；以科研为主的大学对企业资金的需求度要大于以教学为主的大学；企业一般愿意投资应用型科研项目而不愿涉及基础性研究。企业对大学投入资源的方式有直接捐赠、进行科研合作、购买技术或专利、举办员工课程培训等。在资源模块中可以设计科研合作模块、捐赠模块和课程培训模块，每个学校可以根据自身的情况选取其中一个或者全部模块进行管理。

第二，分析企业对大学投入的特点，形成产出模块。学校是在满足企业价值回报的过程中实现自身价值，产出模块必须分析大学为企业提供的价值回报的几个方面：①知识产品。企业对知识产品的需求，主要表现为企业会购买可以直接运用于生产的科研成果。原创性的知识、技术的获得是企业在发展战略中的一个重要方向，但企业自身科研开发能力有限，一般会直接购买大学提供的知识、技术。大学增加其社会价值总产出的最有效的途径就是为企业提供知识产品。一些名牌大学通过生产、传播、转让知识产品实现自身的经济价值。②精神产品。主要是指大学要在观念、道德、价值方法等方面为社会进步做贡献。一所大学必须对所在国家、民族乃至整个人类社会的发展进步做出突出贡献，对政治、经济、科技、文化等人类社会生活的诸多领域产生突出影响，这种贡献和影响是大学社会声誉的来源和基础。品牌、声誉、文化辐射力是一所大学的隐性财富，因为名校的文化辐射力强，许多企事业单位愿意和名校进行合作和交流，大学拥有这种隐性财富，就能吸引更多的企事业单位对它进行长期的人力、物力、财力投入。③学生产品。大学培育的人力资源即为"学生产品"。通过大学几年的塑造，学生这一人力资源能够发展成为企事业单位需要的高级人才。除了直接接收培养好的全日制学习的大学生之外，企事业单位还可以根据需要，针对本企业技术和管理要求与高校合作，派出员工接受培训，更新员工的知识，开拓技能，提高岗位实践能力，这些人也是大学的学生产品。对于企业来说，谁拥有高素质的人才，谁就能在市场竞争中处于优势地位，企业对于学生产品具有极大的需求性。

第三，通过对企业和大学之间的资源投入和回报关系，设计价值链管理线路图。在传统财务管理中，对于高校接受企业捐资的记录只是收到一笔资金，对这笔资金进行专项管理，定期向资金提供方提供建设资金使用情况。在价值链管理下，信息的范围扩大了，但企业投资都有一定的针对性。假设联想集团为某大学计算机系捐赠了一座实验楼，需要建立一系列的指标来收集和处理信息，这包括企业要捐助的科研方向，这座楼的使用人群和使用率，研究条件改善后对学校吸引该项目科研人才的价值贡献，学校为增强该方向研究力量的投入及相应的财务政策，该实验楼投入使用后由于科研条件的改善带来的科研成果的增量，该学科该项目的国际国内排名变化情况，该楼对联想集团直接提供的技术支持给企业带来的价值回报，合作项目的成功是否带来了后续捐赠或扩大了企业的捐资面和捐资力度等。

第四，高校实施价值链管理的系统条件。从遵循的规则来看，价值链管理信息系统不受公允的或国家统一的会计准则、会计制度的约束，可以根据高校内部管理者的需要，灵活选择计量和计算、评价和分析、反映和反馈的程序和方法。价值管理信息系统的构建原理应该是：分别设置两个基本库——数据库和方法模型库，数据库记载与价值管理相关的基本事项，而方法模型库存放不同的确认和计量的规则及分析模型。价值管理信息系统要求丰富的流入信息、流畅的交互处理、有效的分析工具和直观的报告。

三、内部激励机制的创新

通过调节激励理论的各因素来调动员工的热情。激励理论认为：①人的努力程度是由效价和期望值两个因素决定的。效价是指目标对于满足个人需要的价值，期望值是指行为能否达到目标的主观概率。人的努力程度与效价和期望值成正比。②个人取得工作绩效要有奖励作为报酬，才可能产生满足感。奖励分成内在奖励和外在两种类型。内在奖励，即个人对自我价值的肯定；外在奖励，即别人给予的物质或精神上的鼓励，两者缺一不可。③奖励能否满足还到受公平感的影响。公平感不仅取决于外在，还取决于内心，只有当自己的付出与个人的奖励，与他人相比较差不多时，才有公平感，否则会感到不公平。不公平，即使有奖励也不会满足。④满足感会反过来影响效价，新的效价和期望值会重新调整人的努力程度。人的行为就是在多因素相互联系、相互影响下循环往复连续进行的，中间只要有一个因素断链，就会影响人的努力程度。通过调节激励理论的各因素来尽最大努力调动员工的工作热情，成为企业竞争的关键点。由于人的需求多样化、多层次化，激励机制因人而异。对于高校而言，员工基本上是知识分子，公平感对于维护知识分子的自尊心是非常重要的，因此财务管理应当体现公平性，让每位教职员工都能意识到"机会是均等的"，"只要努力付出就会有等额回报"，这样才能留住人才，培养人才。此外，要注意激励方式的多种多样，把物质激励与精神激励有机地结合起来，可以采用晋升激励，提高行政职务；薪酬激励，颁发额外奖金；名誉激励，召开表彰大会，颁发荣誉证书；培训激励，给予进一步进修的机会；旅游激励，国内国外旅游休闲等方式交叉配合。通常，对于领导人员，适宜采用晋升激励、名誉激励与薪酬激励相结合；对于普通教师、会计人员，适宜采用名誉激励、薪酬激励和培训激励为主；对于后勤工作者，适宜采用薪酬激励、名誊激励、旅游激励相结合。

建立预算执行绩效评价机制。预算执行绩效评价是对高校预算执行情况、完成结果以及效果进行绩效考评，包括绩效目标合理性及目标完成情况的考评。高校预算绩效评价是预算执行结果评估的重要环节，是反映高校事业资金投入和产出的效果、效率和效益评价，从而客观地评价高校预算执行、资金使用情况和产生的效益状况。高校应建立一套科学、规范的高校预算执行绩效评价体系，通过使用比较分析法、因素分析法、综合分析法、专题分析法等方法对生均事业支出、生均设备费、教学活动收入年增长率等教学绩效指标，科研绩效、自筹能力、资产绩效等资金投入绩效指标进行客观、科学的分析。通过对各种方法的分析，了解预算执行状况和财务状况，及时发现学校经济活动和财务管理中存在的问题，为领导决策和加强预算管理提供依据。

建立资金使用效益考核制度，落实资金使用责任制。首先，对全校资金使用效益、预算与实际的差额及原因进行整理，作为对各项资金使用情况进行分析评价的数值资料。其次，利用各学院（系）、部门对本部门预算期内预算执行情况和资金使用效益的书面分析评价报告；以及利用有关部门的各种专业检查资料，每学期的教学检查资料，各学院教学、实验课计划的完成情况，实验课的开设情况，新购设备仪器使用情况，新购图书资料的读者阅览情况，各部门专业工作完成情况等资料，结合资金的使用是否专款专用，有无浪费、挤占、挪用等现象进行以效益最大化为标准的考核评价。再次，实行资金使用问责制，资金使用量、任务完成量、质量情况及资金使用效果都应列入各级领导任职考核的重要内容。最后，学校根据院（系）、部门的资金使用效益情况对学院（部门）进行奖惩。对资金使用效益高的学院（使用），给予适当的奖励并在下年度预算安排中享受优先安排项目等优惠政策；对挪用、挤占预算资金，资金使用效益低的学院（使用），除追究负责人的经济责任外，还要使上年结余收回，下年度的预算定额下浮。

四、财务管理监督机制的创新

高校财务管理的监督体系可以划分为内部监督与外部监督两大类。

（一）内部监督主要体现为高校的财务监督

高校财务监督是由履行财务监督权的单位和个人依据财经法规、规章、制度等对高校的财务管理过程进行的监察、检查、评价和督导。目前高校范围内的财务监督主要表现为会计监督和内部审计两种职能。

第一，建立内部会计控制体系。建立一套相互牵制、相互制约的内部控制体系能有效地缓解财务管理的压力，保证会计信息的真实客观。建立内部会计控制体系的主要内容包括以下几个方面：①依据国家法律法规，建立会计核算制度。需要设置会计账簿的高校必须依法建账，不得增设"两本"或"外账"。②机构设置上，不相容岗位相互分离，保持一定的内部独立性，防止舞弊现象发生。③完善审批制度，制定详细审批细则，杜绝越权审批。④建立收支两条线，不得坐支现金，各项收入支出均应该及时、真实、准确入账。⑤建立财务审查小组制度，财务审查小组由各部门人员组成，其中必须有职工代表，决定一些重大的或涉及职工利益的举措，并执行公示、公开制度。⑥建立财务会计分析机制，通过大量的数据及科学的分析方法，建立指标体系，使财务分析定量定性化。⑦建立财务风险预警机制，时刻关注市场利率的变化情况，切合实际地确定贷款数额和还款时间，避免财务风险。

第二，建立内部审计控制制度。内部审计和内部控制是相互联系、相互依存的，内部控制的完备方便内部审计的执行，内部审计的严谨促进内部控制的完备。内部审计控制也是对内部会计控制体系的再监督。建立内部审计制度应当从以下几方面努力：①加强对教育经费投入、管理和使用情况的审计，杜绝浪费，勤俭节约；②落实经济责任审计程序，重点审计任职领导履行经济责任的情况，有问题及时发现，严肃追究，必要时通报上级主管部门，甚至通知司法部门备案；③重点审计电子信息的录入是否真实、准确，检查是否有原始资料以及原始资料的真实、完整及合法性；④审计不相容岗位是否做到了相互牵制、岗位的分工是否合理、权责是否明确；⑤认真分析审计结果，发现问题，及时纠正，对于优秀的部门应当给予一定奖励，做到奖惩分明；⑥审计部门人员从物质上、人事任免上应当保持一定的独立性，保证审计人员能够客观公正地开展审计工作，提高审计人员素质，加强审计人员的再教育。

（二）外部监督体系由国家监督和社会监督两部分构成

第一，加强国家监督机构的执行力度。国家立法机关、审计署、教育部和其下设的针对高校的监督机构共同实施国家监督职能。为了保证监督机构的独立性，相应法律法规、政策方针应从监督机构的隶属、人事任免和工资薪酬的发放等多方面加以明确。国家监督机构对担任监督职能的国家人员的任免有严格的规定，对不同级别的监督机构还应规定配备人员的素质要求，并加强监督人员后续教育工作，提高工资待遇，有效发挥监督机构的作用。

第二，壮大社会监督力量。发挥民间组织在社会监督中的作用。中国高校发展的资本结构已经开始由单一型向多样型过渡，资本的种类和数量越来越多，高校的发展不仅关系到学校与学生的利益，也关系到资本投入方的利益。以资本投入方为代表的社会第三方有必要聘请注册会计师对高校对外公布的所有会计信息进行审计并发表审计意见。注册会计师属于第三方，独立性是注册会计师执业资格的重要条件，而且注册会计师执业的全过程都受到法律的制约，一旦有违反职业准则或对高校对外公布的会计信息的重大失真情况不予揭示的现象发生，一律取消其执业资格，该会计师及其所服务的事务所必须承担民事责任。故以注册会计师为代表的社会监督能应保持客观性与公正性。所以，注册会计师的审计结论可以作为社会各界对高校会计工作质量评价的主要依据。

第七章 高校内部审计监督控制系统创新实践

内部审计监督控制的优点是对审计环境比较熟悉，更容易了解审计事项的来龙去脉，可以节省时间，提高工作效率；内部审计监督的不足之处是缺乏独立性，高校内部审计是在管理层的领导下开展工作，审计人员在审计过程中难免会受到本校各种利益关系的限制，从而影响审计工作，使审计结果缺乏客观性。

第一节 授权审批审计监督

授权审批审计监督是对授权审批管理系统实施的监督，即根据分级管理经济责任制，对授权审批系统所赋予审批人的职责和权限的履行情况进行审计监督。授权审批审计监督的形式以内部经济责任审计为主。由于高校审计部门属于学校内部监督部门，其职权只能审计监督管理层以外的二级学院、部门及单位的负责人即中层干部。高校管理层的经济责任审计由政府审计部门负责。内部经济责任审计是高校通过对二级学院、部门及单位负责人任职期间进行内部审计，并通过单位的经济活动记录来查证被审计人员所承担的经济责任，做出内部审计评价。

一、经济责任审计监督依据及范围

在高校内部进行经济责任审计监督首先必须有监督依据，明确监督对象和范围，才能有效地开展监督工作。

（一）经济责任审计监督依据

经济责任审计监督的依据是高校分级管理经济责任制度及授权审批管理制度所授予的权限和职责。

（二）经济责任审计监督对象和范围

经济责任审计监督的对象为高校部门、二级学院及单位中具有审批权限和经济管理职权的负责人，因此审计监督的范围是被审计人员（负责人）所管理的本部门、本学院和本单位所有审批的经济事项及经济活动。

二、经济责任审计监督程序和内容

由于高校经济责任审计监督的对象是具有一定行政管理权力的特殊群体，经济责任审计监督结果将作为干部考核的一个依据，因此审计监督程序和审计监督内容与一般审计监督有所区别，应重点监督被审计人的经济行为。

（一）经济责任审计监督程序

经济责任审计监督程序按干部经济责任审计程序进行，由组织部门委托审计部门实施。

第一，由组织部门提出书面委托，经管理层分管领导批准，由审计部门对被审计人员进行任期、任中授权审批等经济责任审计。

第二，审计部门接到委托书后，办理审计立项，制订审计实施方案，在实施审计的前三日向被审计人员及所在单位送达审计通知书。

第三，审计通知书送达后，被审计人员及所在单位应及时审计相关内容，并提供相应的报告。

第四，审计组进场实施审计时，被审计人员应向审计组提交述职报告并进行述职，同时审计部门在其所在单位进行审计公示，并听取有关教职工的意见。在实施审计的过程中，要做好审计工作底稿。

第五，审计组现场审计结束，整理审计工作底稿，出具相应的审计报告。

第六，被审计人员应该对审计报告进行全面的阅读，参考设计意见出具审计报告，经审计组核实意见后，审计部门将审计报告及所在单位的书面意见报送管理层主管领导审批。

第七，审计报告批准后，提交给委托审计的组织部门，并送达被审计人员及其所在单位执行。审计报告由高校有关部门归入被审计人员（干部）档案。

（二）经济责任审计监督内容

经济责任审计监督的重点是被审计人员的审批行为及经济活动的合法性、合理性。合法性即审批事项及经济活动是否符合法律法规和学校的规章制度；合理性即审批行为及经济活动是否遵循效率和效益原则。

第一，合法性情况的主要内容包括：被审计人员的审批行为及经济活动过程应该遵循国家的财务经济法律法规，防止被审计人员出现经济问题。

第二，被审计人员财务审批的真实性和有效性情况。主要内容包括：审批事项是否符合职权范围，授权委托手续是否完善，有无越权审批、不按计划审批或不符合制度规定的审批行为。

第三，经济决策情况的主要内容包括：被审计人员经济决策是否符合规定程序，重大经济活动事项是否实行了集体讨论决策，效果如何，有无重大失误，经济目标的完成情况等问题。

第四，经济合同签订情况的主要内容包括：学院或部门对外签订的经济合同审批手续是否完整；合同条款是否符合学校利益，是否存在合同条款损害学校利益等情况；债权、债务是否清楚，有无纠纷和遗留问题。

第五，单位财务收支执行情况的主要内容包括：被审计人员所管理的单位各项资金收入的真实性、合法性情况；各项支出及补贴的发放是否符合规定与真实，有无超标准、超范围支出，有无虚列支出、滥发钱物等问题。

第六，资产管理情况的主要内容包括：固定资产的购置、使用、处置和管理是否符合程序；高校的财产是否存在私自出租、出借、无偿转让等情况；设备购置、基建工程项目是否按照有关规定进行招标程序，投资项目是否经过充分论证和严格的审批程序。

第二节　财务审计监督

高校内部财务审计监督是指财务在审计监督过程中，要确保审计内容的合理性、科学性以及有效性。对监督的内容要负责，对监督机制中存在的问题提出建设性的意见和建议。高校财务审计监督是对财务部门管理系统进行的监督控制，包括校级财务机构和二级财务机构，重点监督财务部门管理系统财务收支的合法性、真实性和效益性。内部审计部门应根据《教育系统内部审计工作规定》的要求进行财务审计监督。

一、财务审计程序

（一）确定审计计划

第一，根据学校管理层的要求或按照审计工作计划，确定当年被审计的内部单位和审计项目。

第二，选派人员组成审计组，编制审计工作方案，包括审计对象、审计时间、审计内容等。

第三，向被审计单位发送审计通知书。

（二）实施审计监督

第一，财务部门提交与被审计项目相关的账单、收入支出纸质票据，电子数据包括：对于审计的电子版材料进行归纳整理，被审计的票据、合同、协议书、项目结题报告等进行归纳整理，确保审计监督能够高效完成。

第二，审计组实施审计，填写审计工作底稿，取得审计证据。

第三，审计组整理、归纳、汇总、分析审计证据和审计工作底稿。

（三）编写审计报告

第一，审计组编写审计报告，其中包括基本情况、审计发现的主要问题、审计处理情况和建议、问题的整改情况等。

第二，审计组征求被审计单位对审计报告的意见，并根据反馈的意见对有关问题进行核实、修改或复议。

第三，审计组出具审计意见书或审计决定，经审计部门审定并签发。

（四）进行审计整改

第一，被审计单位将审计建议或审计建议书、审计决定书的落实情况报送审计部门。

第二，审计部门对重要的审计事项进行跟踪审计。

（五）审计材料归档

第一，审计项目结束后，整理审计材料。

第二，审计材料归档，建立审计档案。

二、校级财务审计的内容

高校校级财务审计的内容包括基本情况审计、预算审计、收入审计、支出审计、资产负债审计、净资产审计、年终决算及报表审计等。

（一）基本情况审计的主要内容

第一，财务管理体制与运行机制是否符合国家的有关规定；学校财务工作是否实行统一领导，是否按规定设置财务管理机构并配备合格的财会人员。

第二，财务规章制度和内部管理制度是否健全，执行是否有效。

第三，财务管理部门内部不相容岗位是否分设，并相互控制与制约；会计核算是否符合会计法规、会计制度和学校的规章制度。

（二）预算审计的主要内容

第一，预算编制的原则、方法及编制和审批的程序是否符合国家、上级主管部门和学校的规定；各项收入和支出是否全部纳入预算管理，有无赤字预算；预算调整是否按规定的程序办理并经批准后执行，有无调整项目的原因及金额的详细说明等内容。

第二，各项收入和支出是否按预算执行，是否真实、合法，会计核算是否符合会计制度，预算执行过程中的控制是否有效。

第三，预算的执行情况及差异。预算的执行情况如何，如果差异较大，应当进行原因分析。

（三）收入审计的主要内容

第一，财务收入来源的合法性。事业性收费的项目、标准和范围是否经物价部门批准，有无擅自增加收费项目、扩大收费范围、提高收费标准等乱收费问题。

第二，收入入账的完整性。各项收入是否及时足额到位，有无隐瞒、截留、挪用、拖欠或设置账外账、"小金库"等问题。

第三，学费等收费收入是否按规定实行收支两条线管理，并按规定使用财政部门统一印制或监制的收费票据，是否按规定将应当上缴的收费收入及时足额上缴财政专户。

第四，是否筹集到能够满足正常运行所需的资金，保持合理的资金结构。

（四）支出审计的主要内容

第一，支出是否真实，是否按预算执行，有无超预算、超计划等问题；有无转移、虚假发票报账、违反规定发放钱物等问题。

第二，支出是否合法，是否按照国家、上级主管部门和学校规定的支出范围和标准执行，有无超标准、超范围支出等问题。

第三，支出是否有效益，资金使用率情况有无结余很大或损失浪费等问题。

第四，专项资金是否专款专用，有无挤占、挪用等问题。

第五，对投资项目是否进行过可行性研究，投资方向和投资规模是否合理，资金配置是否有效。

（五）资产负债审计的主要内容

第一，现金及各种存款的管理是否符合规定，银行开户是否合法，内控制度是否健全，日常资金管理是否安全，有无公款私存等情况。

第二，教学和实验材料有无按国家政策和学校规定进行采购，验收入库、保管、领用是否按照规定的程序办理；有无定期清查盘点，账实是否相符，盘盈、盘亏是否能够及时调整，调整是否符合有关规定。

第三，固定资产的购置有无招标、投标程序和审批手续，报废、调出、变卖等资产处置是否按照规定的程序办理并报有关部门审批，资产有无被无偿占用或流失等问题；固定资产是否进行定期或不定期的清查盘点，盘盈、盘亏是否及时查明原因，并进行相应的账务处理，账账、账卡、账物是否相符。无形资产的管理是否符合有关规定，转让、购入、捐赠和投资的无形资产是否能够按规定进行评估。资产的账务处理是否符合《高等学校会计制度》的规定。

第四，对外投资是否按规定经有关部门批准或备案；与被投资企业的产权关系和经济关系是否明确；以实物或无形资产对外投资是否按规定进行资产评估，有无资产流失、投资失误等问题；收益处理是否合法。

第五，往来款项（包括应收或暂付款、应付或暂存款）是否及时清理、结算；有无长期挂账形成呆账、坏账；无法收回的应收和暂付款项的核销是否按照有关规定和程序执行，核销是否查明原因、分清责任；对各项负债是否能够及时清理并按照规定办理结算，是否在规定的期限内归还或上缴应缴款项；债权、债务是否清楚，代管款项是否符合规定，有无将学校收入转为代管款项的情况。

（六）净资产审计的主要内容

第一，各项专用基金的管理是否符合国家和同级财政部门的规定；职工福利基金和学生奖贷基金、勤工助学基金等是否按照规定的比例提取。

第二，各项专用基金是否专款专用，是否按照规定的用途使用，使用效益如何，会计核算是否符合规定。

第三，事业基金管理是否按规定进行，其中一般基金和投资基金的会计处理是否符合会计制度的规定。

（七）年终决算及报表审计的主要内容

第一，年终收支结转是否符合《高等学校会计制度》的规定，不同类别的结余是否分别进行处理和单独反映。收支结余是否按照《高等学校会计制度》的规定进行分配结转，是否按照有关规定提取各项专用基金，有无多提或少提等问题。

第二，年度决算和财务报告编制的原则、方法、程序和时限是否符合财务制度的规定和上级主管部门的要求。

第三，年度决算和财务报告的内容是否完整，资产负债表、收入支出表的数字是否与会计账上的科目余额表一致，有无隐瞒、遗漏或弄虚作假等问题。

第四，财务情况说明书是否真实、准确地反映了学校年度财务状况，对本期或下期财务状况发生重大影响的事项是否真实有据。

第五，财务分析的各项指标是否真实、准确。

三、二级财务机构及独立核算单位财务审计的主要内容

二级财务机构及其所管理的独立核算单位的财务审计内容应包括二级财务机构的建立

和完善情况、独立核算单位的财务情况两部分。

（一）二级财务机构审计的主要内容

二级财务机构审计的重点是机构健全情况、人员配备情况、会计基础工作规范化情况等。

第一，会计机构建立和会计人员的配备是否符合《高等学校会计制度》规定，会计基础工作是否规范，会计手段、工作环境以及队伍建设是否符合实际需要。

第二，会计账簿设置是否规范，内容是否完整、真实、合法，记录是否及时、清晰、准确。

第三，会计凭证的填制是否符合要求，所反映的经济内容及会计处理是否真实、合法，会计凭证的审核、传递、归档是否符合规定。

（二）独立核算单位财务审计的主要内容

二级财务机构所管理的独立核算单位，组织形式多种多样，如有事业性质的校医院、自收自支的非营利性质的服务单位、学校办的企业或集团、参股的公司等，采用的会计制度也不尽相同。

校医院采用医院会计制度，公司制的企业采用企业会计制度等。对独立核算单位的财务审计，应根据每个单位的性质不同而有所差别或侧重。

第一，各项收入是否进行了完整、真实、准确的记录和会计处理，相应的款项是否及时收回，有无截留资金形成账外资金等问题。

第二，各项支出是否合理，成本费用是否配比，重要的支出是否经过授权，重大支出的内部控制是否健全、有效。

第三，利润的计算是否正确，是否符合法定程序，有无隐瞒、夸大等人为调节利润的问题，利润分配是否符合规定，是否经各投资方认可。

第四，各项税金的计提、计算是否符合税法，对各项税收减免政策是否正确，是否充分使用，税金的缴纳是否符合要求。

第五，各项资产是否真实，账实是否相符，增减变动是否真实、合法，计价方法是否一贯，相关业务的截止日期是否准确，资产是否为企业所有并安全完整、保值增值。

第六，各项债务的形成、管理、清偿是否符合会计核算的要求，计算是否准确。

第七，所有者权益各项目的形成、计提、使用等增减变动是否合法、真实，相应的会计处理是否符合规定。

第八，各项经济合同的合法性、合理性，合同的要素是否完备，特别是涉及基本建设、物资购销、重大投资活动的合同是否存在损害国家和学校利益的情况。

第九，各项收入、支出、资产、债务在会计报表上的反映是否真实、恰当。

四、财务人员的监督

对财务人员的监督，主要是监督财务人员的经济行为对学校经济管理和运行效率的影响。

（一）财务人员岗位控制设置监督

财务人员素质和岗位设置将直接影响财务管理的效果，对财务人员素质和岗位设置进行监督，有利于提高财务管理水平。

第一，财务人员是否符合会计法规定的从业资格和条件。

第二，会计不相容岗位是否分离。

第三，会计人员有无进行定期的轮岗和培训。

（二）财务人员行为规范监督

财务人员行为规范监督，是保护财务人员、防范职务犯罪、降低高校经济风险的保障。

第一，财务人员职业操守是否遵循职业道德规范。

第二，是否做到行为规范所要求的"该为"的作为和"不该为"的不为。

第三节　采购和招标监督控制

采购和招标是高校财务部门管理系统以外的两大经济行为，一般由高校的采购或招投标管理部门进行日常管理，由内部审计监督控制系统来进行监督和控制。

一、采购监督

高校使用财政性资金采购货物或服务，应按《中华人民共和国政府采购法》及当地政府的有关规定执行政府采购。高校采购分集中采购和自行采购。集中采购是指高校所采购的货物、工程或服务项目属于政府集中采购目录范围内的、金额在采购限额标准以上的，需要委托政府机构实施的采购；自行采购是指高校所采购货物或服务项目不在政府集中采购目录范围内，或金额在集中采购限额标准以下的采购。高校采购监督的对象主要是自行采购。

（一）采购手续监督

采购手续监督主要是审核应该进行政府采购的项目是否实施了政府采购。

第一，根据政府采购目录的要求，必须进行政府采购的货物或服务项目是否全部实施政府采购。

第二，应当以公开招标方式采购的货物或者服务有无化整为零或者以其他方式规避公开招标采购。

（二）采购方式监督

采购方式监督主要是对各种采购方式的前提条件予以监督。

第一，是否存在应当采用公开招标方式而擅自采用其他方式采购的现象；采购工作人员有无在开标前泄露标底。

第二，采用邀请招标、竞争性谈判、单一来源采购、询价方式采购的，是否符合采购方式规定的条件或情形。

（三）采购程序监督

采购程序监督包括采购程序合法性监督、采购小组成员资格监督、供货商资质监督等。

第一，采用邀请招标方式采购的，随机方式选择的供应商数量和资格条件是否符合要求；是否存在操纵选择供应商的行为。

第二，采用竞争性谈判方式采购的，谈判小组人数和成员是否符合规定；谈判供应商的数量和资格条件是否符合要求；是否存在以不合理的条件对供应商实行差别待遇的现象。

第三，采用单一来源采购方式采购的，货物或服务性价比是否合理；是否存在采购工作人员与供应商串通的情况。

第四，采用询价方式采购的，询价小组人数和成员是否符合规定；被询价的供应商的数量和资格条件是否符合要求。

第五，采购完成后是否对货物或服务进行验收，验收人与采购经办人是否分离。

（四）采购合同和采购文件监督

采购合同监督的重点为合同条款内容，采购文件监督的重点是文件的完整性，通过合同条款和文件的完整性可以发现采购过程中的其他问题。

第一，采购是否遵循平等、自愿的原则签订书面合同；合同条款是否存在损害学校利益的内容。如果发现损害学校利益的内容，需进一步核查采购过程。

第二，采购文件是否齐全完整、保管妥当。如果发现采购文件不完整，需要进一步核查采购过程。

二、工程项目招标监督

高校建设工程项目招标应根据《中华人民共和国招标投标法》（以下简称《招标投标法》）及地方招标投标实施办法进行招标，建设工程项目包括建筑物和建筑物的新建、改建、扩建、装修、拆除、修缮等。高校建设工程项目招标主要有委托招标和自行招标两类。委托招标是指工程项目金额达到或超过当地政府规定限额，应由政府招标投标管理部门统一委托招标代理机构进行的重大项目的招标；自行招标是指高校接受政府招标投标管理部门的授权，自行组织金额低于统一招标限额以下的一般项目的招标。高校工程项目招标的监督对象主要为自行招标。对高校，工程项目招标的监督主要是从招标手续、招标过程和评标委员会组成三个方面进行监督控制。

（一）招标手续监督

招标手续监督主要是指审查监督应该参加招标投标的工程项目是否按规定进行了招标投标。

第一，依据《招标投标法》的要求必须进行招标投标的各类工程项目是否全部进行了招标投标。

第二，是否存在化整为零逃避招标投标的情况。

（二）招标过程监督

招标过程监督主要是审查监督高校招标项目是否按照《招标投标法》规定的程序和要求进行了招标。

第一，招标方式是否符合法律规定。公开招标是否发布了招标公告，招标公告是否在指定的报刊、信息网络或其他媒介上发布；邀请招标是否达到三个以上特定法人或其他组织投标，是否存在限制或排斥潜在投标人的情况。

第二，单位工作人员有无泄露标底，编制标底的工作人员是否参与编制同一招标项目的投标文件。

第三，招标的开标、评标、定标程序是否符合法律规定，开标过程是否有记录档案；评标是否由评标委员会负责，成员名单在中标结果确定前是否保密，是否按招标文件确定的评标标准和方法进行评标；中标人确定后，招标人是否存在改变中标结果的行为。

第四，投标人资格审查是否严格把关，是否存在不符合条件的投标商通过了资格审查并中标的情况。

第五，中标结果是否合理，投标人是否以低于成本的报价竞标；投标人有无相互串通投标报价行为；投标人与招标人有无串通投标行为。

（三）评标委员会监督

评标委员会监督的事项主要为组成人员的合理性、资格的合法性以及评标的公正性。

第一，评标委员会成员是否由招标高校的代表和有关技术、经济等方面的专家组成，成员人数是否为五人以上的单数，其中技术、经济等方面的专家是否占总数的三分之二。与投标人有利益关系的人是否未进入相关项目的评标委员会，主管部门工作人员是否未担任评标委员会成员。

第二，评标专家是否在相关领域工作八年以上，并具有高级职称或同等专业水平。

第三，评标委员会成员是否客观、公正地履行职务，是否私下接触投标人以及收受投标人的财物或其他好处，是否做到对评标过程进行保密。

第四节　信息披露和新会计制度

一、高校财务信息披露

（一）高校财务信息的内容结构和需求趋于多元化

目前高校财务信息主要满足上级主管部门的需要，其信息披露的内容、结构和范围都比较单一。近年来，由于公共财政管理体制改革对高校财务的影响进一步加深，新产生的经济业务不断增加，财务信息的内容结构以及相关各方面对财务信息的需求也发生了较大的变化，这些重要信息主要包括以下几个方面。

1.财务风险信息

由快速扩招和教学评估拉动的高校新校区大规模建设，使建设资金需求急剧膨胀，而在政府投入严重不足的情况下，高校不得不负债建设，建设资金来源基本靠银行贷款。近年来高校的商业性贷款已步入还贷的高峰期，给学校造成了巨大的资金压力，资金周转困难，流动性不足，季节性资金链断裂，财务风险已经显现。

2.教育收费及教育成本信息

自高等教育收费改革以来，高校收费问题几乎每年成为社会、媒体、学生及家长议论的焦点，收缴者与缴纳者之间的博弈持续升温。国家将高等教育确定为非义务教育，收费是教育成本补偿和学校办学资金的重要来源，地方高校办学经费的三分之二靠收取学费和住宿费来解决。

3.投融资信息

教育体制改革前高校资金来源和运用比较单一，信息的需求者也比较单一，《中华人民共和国高等教育法》规定："国家建立以财政拨款为主，其他多种渠道筹措高等教育经费为辅的体制。"随着《中华人民共和国高等教育法》的逐步落实，高校的投融资主体和渠道已经多元化，在中西部的地方高校，校园基础设施建设90%以上的资金来源靠其他非财政渠道解决。如银行贷款、教职工委托贷款、募集捐赠、BOT 模式、设备融资租赁、设备的"形式典当"等等。

4.关联交易信息

随着近年来高校的重组、合并，高校的办学体制和形式也发生了很大变化，如采用联合办学、合作办学等方式、大学的子校、分校、二级学院蓬勃发展。

5.学生资助信息

近两年中央与地方财政斥巨资对家庭经济困难的大学生予以资助，其力度之大前所未有，这引起了社会各界、学生及家长的高度关注。学校对资助资金支付的范围、标准以及使用的具体情况等信息需要予以公开、透明的披露。

（二）高校财务信息披露的缺陷

我国高校的财务会计制度远远滞后于高等教育事业的发展，已不能完整全面地反映高校的财务状况，使高校的财务信息披露存在诸多缺陷。

1.信息不完整

目前高校财务会计制度规定的财务报告只有三个基本报表，即资产负债表、收入支出表、支出明细表。各省市根据主管部门和财政部门的需要适当增加了一些反映部门预算执行情况和国库集中支付改革的相关报表或统计表，但这些报表仍然不能完整地提供高校财务状况的信息。

2.信息不真实

由于制度缺陷和内部管理原因，目前财务信息失真的现象已普遍存在，资产、负债、净资产、收入和支出等素指标的数据均存在不同程度虚假性。

二、新会计制度

新会计制度相对于旧会计制度的改变有如下几点：

（一）关于总则和附则

总则和附则主要涉及以下三方面。

1.适用范围

将旧制度第二条改为"本制度适用于各级人民政府举办的全日制普通高等学校、成人高等学校(以下简称"高校")。其他社会组织和个人举办的上述学校可以参照本制度执行"。

2.主要任务

增加了"有效控制预算执行，完整、准确编制学校决算""建立健全学校财务制度，加强经济核算，实施绩效评价""防范财务风险"等内容。

3.权责发生制引入的问题

新制度没有直接表述高校财务管理的权责发生制问题。这主要是考虑权责发生制直接表现为会计计量基础问题，在《高校会计制度》中加以明确表述即可。虽然新制度没明确表述，但是在资产管理、负债和成本费用管理等章节均遵从了权责发生制的要求。权责发生制的引入是这次旧制度修订的一个创新与突破。

（二）关于财务管理体制

财务管理体制主要涉及以下两个方面。

1.财务管理机构

新制度对二级财务机构与学校一级财务机构的关系、二级财务机构职责没有修订，主要是对需要设置二级财务机构的范围做了修订，将"高等学校校内后勤、科技开发、校办产业及基本建设等部门"改为"高等学校校内非独立法人单位"。这主要是考虑：大多数高校的科技开发与校办产业，经过改制已并入学校的资产经营公司，资产经营公司的财务遵循的是企业财务管理制度；基本建设部门财务大多已并入学校财务处，修订后的《事业单位财务规则》和《高等学校财务制度》均将其合并到高校的财务管理体系；独立法人单位不能作为学校的二级财务机构，因为按照法人登记注册的要求，学校的二级财务机构必须是设置独立的财务机构和人员。

2.财务人员管理

旧制度规定："高等学校校内设置财务会计机构，必须相应配备专职财会人员。校内各级财会主管人员的任免应当经过上一级财务主管部门同意，不得任意调动或者撤换。财会人员的调入、调出、专业技术职务的评聘须由财务部门会同有关部门办理。"新制度对财务人员的配备没有修订，主要是对财会人员的管理做了修订，对文字表述做了调整与修改，"财会人员的调入、调出、专业技术职务的评聘以及校内二级财务机构负责人的任免、调换或者撤换，应当由学校一级财务机构会同有关部门办理"。

（三）关于单位预算管理

单位预算管理主要涉及以下四个方面。

第一，预算编制原则。编制预算应当遵循（原为"必须坚持"）"量入为出、收支平衡"

的总原则：收入预算编制坚持积极稳妥原则；支出预算编制坚持统筹兼顾、保证重点、勤俭节约等原则。

第二，预算编制方法。新制度取消了"校级预算和所属各级预算必须各自平衡，不得编制赤字预算"的要求，这主要是考虑：高校的适度负债已成为一种发展举措和现实，与预算平衡原则不相适应；在基本建设并入财务"大"体系改革之后，在基本建设大规模投资的个别年度是很难实现预算平衡和不出现赤字的。

第三，预算编制和审核程序。根据目前高校预算管理程序直接更改为高校"经法定程序审核批复后执行"。

第四，预算的调整。增加了"高等学校应当严格执行批准的预算"的规定。因"财政补助收入"是财政从国库核拨给事业单位的资金；"预算外资金"概念不再使用，教育收费经批准暂不缴国库，仍实行财政专户管理，新制度规定"国家对财政补助收入和从财政专户核拨的预算外资金一般不予调整"。

（四）关于收入管理

新制度中将收入分为政府补助收入、事业收入、上级补助收入、附属单位上缴收入、经营收入、其他收入，并且对政府补助收入和事业收入的具体内容做了进一步的修改。考虑到收入来源的渠道区分，将收入简化为：政府收入、学校自筹和其他。

第一，政府补助收入。界定了"政府补助收入"的概念，将原来的"高等学校从财政部门取得的各类事业经费"的财政补助收入概念改为"高等学校从同级财政部门取得的各类财政拨款"，扩大了财政补助收入的概念内涵。

第二，事业收入。将旧制度的事业收入的两类收入——"教学收入"和"科研收入"改为"教育事业收入"和"科研事业收入"；对教育事业收入的具体内容做了扩展；增加了对教育事业收入上缴国库或财政的管理条款，主要考虑的是：根据部门预算改革的要求，"预算外资金"概念不再使用；高校的收入仍实行财政专户管理。

第三，增加了对上缴国库和财政专户的管理要求条款。为加强对事业单位的收入管理，保证按照规定上缴国库或者财政专户的资金及时足额上缴，防止出现隐瞒、截留、挤占和挪用等问题，新制度增加了"高等学校对按照规定上缴国库或者财政专户的资金，应当按照国库集中收缴的有关规定及时足额上缴，不得隐瞒、滞留、截留、挪用和坐支"的规定，适应《事业单位财务规则》的新要求。

（五）关于支出管理

新制度中修订的支出管理主要涉及以下两个方面。

1.支出分类的修订

支出分类增加了"其他支出"并对事业支出的定义做了适当修改，对事业支出的分类做了大幅修订。

第一，事业支出。新制度规定："事业支出，即高等学校开展教学、科研及其辅助活动发生的基本支出和项目支出。"基本支出是指高等学校为了保障其正常运转，完成教学、科研和其他日常工作任务而发生的支出，包括人员支出和日常公用支出。项目支出是指高等学校为了完成特定工作任务和事业发展目标，在基本支出之外所发生的支出，取消了旧制度对事业支出内容的八大分类。

第二，其他支出。新制度规定"其他支出，即本条上述规定范围以外的各项支出包括利息支出、捐赠支出等。"

2.增加支出管理内容

新制度规定："高等学校应当依法加强各类票据管理，确保票据来源合法、内容真实，不得使用虚假票据入账。""一旦发现虚假票据入账，必须及时纠正""高等学校应当严格执行国库集中支付制度和政府采购制度等有关规定"，高校"应当进行支出绩效评价，提高资金使用的有效性"。

（六）关于结转与结余管理

新制度关于结转与结余管理的内容主要涉及以下两个方面。

1.结转与结余的概念修订

"结转和结余是指高等学校年度收入与支出相抵后的余额。结转资金是指当年预算已执行但未完成，或因故未执行，下一年度需要按原用途继续使用的资金。结余资金是指当年预算工作目标已完成，或因故终止，当年剩余的资金。"结转资金原则上结转下一年按原用途继续使用。结余资金应全部统筹用于编制以后年度部门预算，改变用途须报财政部门审批。

2.事业单位结余管理

将结转和结余分为财政拨款的结转与结余和非财政拨款的结转与结余两部分，规定了不同管理要求。"高等学校财政拨款结转和结余资金的管理，应当按照同级财政部门有关规定执行。""高等学校非财政拨款结转按照规定结转下一年度继续使用。非财政拨款结余可以按照国家有关规定提取职工福利基金，剩余部分作为事业基金用于弥补高等学校以后年度的收支差额，支持事业发展；国家另有规定的，从其规定"。

（七）关于资产管理

新制度对资产管理的修订主要涉及以下几点。

第一，在资产分类中增加"在建工程"。

第二，在流动资产中增加了货币资金的类别，将"应收及暂付款项"名称改为"应收及预付款项"，并增加了对货币资金和应收及预付款项的内容说明。

第三，适度调高了固定资产的单位价值标准。把固定资产单位价值由500元提高到1500-2000元，且"高等学校的固定资产明细目录由教育部制定，报财政部备案"。

第四，增加了资产折旧与摊销的管理规定。高校除文物和陈列品之外的固定资产，应当采用年限平均法，在其使用年限内计提折旧。固定资产折旧政策一经确定，不得随意变更等。

第五，进一步规范了对外投资行为。高校应当严格控制对外投资；对外投资应当按照国家有关规定报经财政部门或主管部门审批；高等学校以实物、无形资产对外投资的，合理确定资产价值；高校不得使用财政性资金进行对外投资，不得从事股票、期货、基金、企业债券等投资。

第六，规范了资产使用和处置的管理。高校出租、出借资产，应当按照国家有关规定经主管部门审核同意后报同级财政部门审批。

第七，强化了资产账物和有关收益的管理。对盘盈、盘亏的固定资产，应当及时查明原因，并根据规定的管理权限"报经批准后及时进行处理"，高校的对外投资收益以及利用国有资产出租、出借取得的收入，应当纳入单位预算，统一核算、统一管理。高校的资产处置收入应按照国家有关规定实行收支两条线管理。国家另有规定的，从其规定。

第八，建立了资产共享共用制度。高校应当加强资产管理，建立资产共享、共用制度，完善资源有偿使用成本补偿机制，提高资产使用效率。

（八）关于负债管理

新制度对负债管理修订主要涉及以下两个方面。

1.负债内容的修订

将"暂付款"改为"预收账款"。增加了"借入款项、应付及预收款项"的内容解释，借入款项包括高校为流动资金周转或基本建设工程而向银行等借入的短期与长期的款项，应付及预收款项包括高校应付职工薪酬、应付票据、应付账款、其他应付款和预收账款等款项。修订了"应缴款项"的内容解释，根据国库支付改革和社会改革的新要求，增加了"应当上缴国库或财政专户财政的资金、社会保障费"方面的内容。

2.增加了负债风险控制管理

高等学校应当建立负债的风险控制机制，规范和加强借入款项管理，严格审批程序，具体办法由财政部门会同主管部门制定。

（九）关于其他内容

"财务清算"没有做太多修订，主要规定："分立的高等学校，资产按照有关规定移交分立后的高等学校，并相应划转经费指标。""财务报告与分析"基本没有修订。"财务监督"规定了监督的主要内容；对预算编制、财务报告的科学性、真实性、完整性及预算执行的有效性、均衡性进行监督；对各项收入和支出的合法性、合规性进行监督；对财政拨款结转和结余的管理情况进行监督；对资产管理的规范性、有效性进行监督；对负债的合规性和风险程度进行监督；对违反财务规章制度的问题进行检查纠正；等等。

参考文献

[1] 乔春华. 新中国高校财务 70 年 [M]. 南京：东南大学出版社，2019.

[2] 张远康. 新时期高校财务管理问题研究 [M]. 天津：天津科学技术出版社，2019.

[3] 刘芬芳，梁婷. 新时期高校财务管理问题研究 [M]. 太原：山西经济出版社，2019.

[4] 洪涛，戴永秀，王希. 高校财务内部控制建设与风险防控体系研究 [M]. 中国财富出版社，2019.

[5] 陈健美. 加强监督提高效益我国高校财务管理的改革与创新研究 [M]. 沈阳：沈阳出版社，2019.

[6] 撒晶晶. 高校财务管理实务 [M]. 昆明：云南科技出版社，2019.

[7] 黄仁同. 高校财务风险管控研究 [M]. 吉林大学出版社，2019.

[8] 王庆龄. 高校财务管理实践与创新 [M]. 延吉：延边大学出版社，2019.

[9] 曹红霞. 高校财务管理与成本控制 [M]. 长春：吉林人民出版社，2019.

[10] 黄照强. 高校财务管理于风险内控 [M]. 吉林出版集团股份有限公司，2019.

[11] 乔春华. 新时代高校财务理论研究 [M]. 南京：东南大学出版社 .2020.

[12] 周星秀，连长嵩，潘苗. 大数据时代高校财务数据分析与风险防控之路 [M]. 北京：中国传媒大学出版社 .2020.

[13] 高洪志. 高校财务建设 [M]. 哈尔滨：黑龙江人民出版社 .2020.

[14] 覃宏倩. 高校财务管理创新与实践 [M]. 太原：山西经济出版社 .2020.

[15] 胡石香. 高校财务制度之治 [M]. 海口：海南出版社 .2020.

[16] 崔丽. 高校财务管理改革与财务服务研究 [M]. 长春：吉林出版集团股份有限公司 .2020.

[17] 王冰. 高校财务风险管理方法探析 [M]. 北京：九州出版社 .2020.

[18] 索金龙，申昉. 高校财务管理技术创新研究 [M]. 北京：北京工业大学出版社 .2020.

[19] 张楠. 高校财务管理创新问题研究 [M]. 沈阳：万卷出版公司 .2020.

[20] 乔春华. 新时代高校财务理论研究 [M]. 南京：东南大学出版社 .2020.

[21] 吴静慧. 高校财务会计信息化研究 [M]. 天津：天津科学技术出版社 .2020.

[22] 姚凤民. 政府会计制度实施背景下高校财务管理的实践问题研究 [M]. 北京：经济科学出版社 .2020.

[23] 段红. 高校会计监管与财务管理 [M]. 天津：天津科学技术出版社 .2020.

[24] 毛新述 . 普通高校会计与财务系列规划教材中级财务会计 [M]. 北京：清华大学出版社 .2020.

[25] 施先旺，马荣贵 . 高级财务会计 [M]. 沈阳：东北财经大学出版社 .2020.

[26] 杨平波，祝勇军 . 高级财务会计第 2 版 [M]. 长沙：湖南大学出版社 .2020.

[27] 汤健，祝勇军 . 中级财务会计第 3 版 [M]. 长沙：湖南大学出版社 .2020.

[28] 黄青山 . 高级财务管理教学案例 [M]. 广州：华南理工大学出版社 .2020.